Jürgen Ebert

Reflexion als Schlüsselkategorie professionellen Handelns in der Sozialen Arbeit

Hildesheimer Schriften zur
Sozialpädagogik und Sozialarbeit

Herausgegeben von
Udo Wilken und Friedhelm Vahsen,
HAWK Hochschule für angewandte
Wissenschaft und Kunst
– Fakultät Soziale Arbeit und Gesundheit – Hildesheim

Band 16

Jürgen Ebert

Reflexion als Schlüsselkategorie professionellen Handelns in der Sozialen Arbeit

Georg Olms Verlag
Hildesheim · Zürich · New York
2012

Jürgen Ebert

Reflexion als Schlüsselkategorie professionellen Handelns in der Sozialen Arbeit

Georg Olms Verlag
Hildesheim · Zürich · New York
2012

Gedruckt mit freundlicher Unterstützung des Förderkreises der Fakultät für Soziale Arbeit und Gesundheit der Hochschule für angewandte Wissenschaft und Kunst (HAWK), Hildesheim.

Die Deutsche Nationalbibliothek verzeichnet diese Publikation in der Deutschen Nationalbibliografie; detaillierte bibliografische Daten sind im Internet über http://dnb.ddb.de abrufbar.

ISO 9706
2. Auflage, Hildesheim 2012
Gedruckt auf säurefreiem und alterungsbeständigem Papier
Herstellung: KN Digital Printforce GmbH, 70565 Stuttgart

Printed in Germany

www.olms.de
ISBN 978-3-487-30023-8

Inhalt

Einleitung 9

1 Profession und Professionalität 17
1.1 Professionstheorie 17
1.2 Professionsmodelle 19
1.2.1 Das strukturtheoretische Professionsmodell 19
1.2.2 Das systemtheoretische Professionsmodell 21
1.2.3 Das interaktionistische Professionsmodell 22

2 Professionelle Handlungskompetenz 25
2.1 Schlüsselqualifikationen/ Schlüsselkompetenzen 25
2.2 Das Kompetenzmodell von Geißler und Hege 26
2.2.1 Instrumentelle (fachliche) Kompetenz 26
2.2.2 Soziale (methodische) Kompetenz 27
2.2.3 Reflexive (persönliche) Kompetenz 27
2.3 Kompetenzmodell nach Richter 28
2.4 Professionelle Handlungskompetenz im Sinne des Konstrukts „Person als Werkzeug" 29

3 Wissenschaftswissen und Handlungswissen 33

4 Reflexion 39
4.1 Verhältnis von intuitivem Handeln und Reflexion 39
4.2 Reflexion im Kontext der Sozialen Arbeit 39
4.3 Exzentrischer Standpunkt 41
4.4 Reflexion der persönlichen Faktoren im Unterstützungsprozess 42
4.5 Reflexion von Machtverhältnissen in der Beziehung zwischen dem professionell Handelnden und dem Klienten 44
4.6 Reflexive Professionalität 48

5 Empirische Studie 51
5.1 Entwicklung der Fragestellung 51
5.2 Ausgangspunkt der Studie 54
5.3 Untersuchungsgegenstand 55
5.4 Analyseverfahren 55
5.4.1 Qualitative Inhaltsanalyse 55
5.4.2 Strukturierende Inhaltsanalyse 56
5.4.3 Stufenmodell empirisch begründeter Typenbildung 56
5.5 Entwicklung der Kategorien und Typenbildung 60
5.5.1 Entwicklung der Kategorien 61
5.5.2 Charakterisierung der gebildeten Typen 64
5.6 Darstellung der Ergebnisse 66
5.6.1 Vorbemerkung 66
5.6.2 Auswertung aller Berichte unter Berücksichtigung des Ausbildungsstandes 66
5.6.3 Auswertung der Gruppe Grundstudium 68
5.6.4 Auswertung der Gruppe Hauptstudium 69
5.6.5 Auswertung der Gruppe Berufspraktikum 70
5.6.6 Vergleich des Reflexionsgrades in Relation zu den Kategorien 72
5.6.6.1 Bezug zu allgemeinen Prinzipien der Sozialen Arbeit/ Verständnis von Sozialer Arbeit 72
5.6.6.2 Reflexion des Handlungsfeldes und Methodenverständnisses 77
5.6.6.3 Reflexion der eigenen Einstellung bzw. des eigenen Selbstbildes und Professionsverständnisses 86
5.6.6.4 Reflexion der Lebensbedingungen der Klienten 93
5.6.6.5 Fall- bzw. Situationsbeschreibung 101
5.6.6.6 Arbeitsbündnis 106
5.6.6.7 Reflexion der Rahmenbedingungen 111
5.6.6.8 Reflexion der Anleitung 115
5.7 Zusammenfassung der Ergebnisse, Analyse, Einordnung und Konsequenzen 121

6 Methodengeleitete Reflexion als Grundlage für das professionelle Handeln in der Sozialen Arbeit 123
6.1 Bedeutung der Ergebnisse für die Weiterentwicklung des Curriculums der Studiengänge „Soziale Arbeit“ 123
6.2 Reflexionsmethoden in der Lehre 128
6.2.1 Vorbemerkungen 128
6.2.2 Multiperspektivische Fallarbeit 128
6.2.3 Fallrekonstruktion 134
6.2.4 Intervision/ Kollegiale Beratung 137
6.2.5 Situationsanalyse 140
6.2.6 Transformativer Dreischritt 142

7 Schlussbemerkungen 147

Abbildungs- und Tabellenverzeichnis 153
Literatur 155

Einleitung

Die Debatte, ob die Soziale Arbeit den Status einer Profession erreicht oder doch nur als Semi-Profession oder „bescheidene Profession" betrachtet werden kann, wird seit Jahren geführt. Erst seit Beginn des 21. Jahrhunderts setzt sich mehr und mehr eine selbstbewusste Positionierung durch. Die klassische berufsstrukturelle Perspektive, deren rigider Definition auch die etablierten Professionen nicht mehr entsprechen, wurde überwunden. Als neuer Maßstab dient eine handlungs- und wirkungsorientierte Perspektive (vgl. Heiner 2004, 16). Die effektive, an beruflichen Standards ausgerichtete Erfüllung der Aufgaben begründet die Professionalität der Handelnden und somit die Profession der Sozialen Arbeit.

Die Disziplin der Sozialen Arbeit muss zur Entwicklung von Handlungskonzepten und fachlichen Standards der Profession beitragen. Die Konzepte basieren auf Theorien, die zur Erklärung sozialer Probleme entwickelt wurden, und sie beziehen sich auf die gesellschaftliche Funktion Sozialer Arbeit. Die Methoden und Standards haben sich in der Praxis der Sozialen Arbeit zu bewähren. Rückmeldungen von der Profession an die Disziplin geben damit Anstöße für die Forschung (vgl. Wendt 2004, 1).

Nur wenn es Disziplin und Profession der Sozialen Arbeit gelingt, den Transfer von der Theorie zur Praxis und von der Praxis zur Theorie zu leisten, lassen sich handlungsrelevante Ansätze entwickeln. Dieses Grundverständnis einer Praxistheorie/ Theoriepraxis muss ihren Ursprung bereits im Studium finden und systematisch ausgebildet werden.

Die praxisorientierte Forschung erfüllt in diesem Zusammenhang eine wesentliche Funktion. Sie soll in erster Linie bessere Praxis ermöglichen. Forschung in der Sozialen Arbeit hat berufliche Praxis zum Gegenstand und ist in diesem Sinn keine Selbstbestätigung von Wissenschaft.

Für die berufliche Praxis, das professionelle Handeln bzw. für die Aneignung eines professionellen Habitus hat die Reflexion des Handelns eine zentrale Bedeutung. Reflexion, verstanden als theoriegeleitete Auseinandersetzung mit Problemen, wird als eine Grundbedingung für erfolgreiches Handeln im professionellen Alltag angesehen. Ziel der professionellen Reflexion ist es, das „knowing how" in ein „knowing that" bzw. „Wissen" in „Können" umzuwandeln.

In diesem Sinn muss Reflexion als Schlüsselkategorie für das professionelle Handeln sowie für die Professionalisierung der Sozialen Arbeit betrachtet werden. Kritisch ist zu hinterfragen, ob die professionell Handelnden in der Sozialen Arbeit über diese reflexiven Fähigkeiten verfügen bzw. ob diese Kompetenz hinreichend in der Ausbildung vermittelt wird (vgl. Hinte 2006, 129ff).

In der Theorie (vgl. Bernler u. Johnsson 1995; Reiners-Kröncke u. Strübinger 2000) wird zwar gefordert, dass Studierende zur Reflexion angeleitet werden. In den Curricula der Hochschulen wird die Bedeutung der reflexiven Berufsausübung ebenfalls betont. Vertreter von Profession und Disziplin zweifeln jedoch an, dass es den Ausbildungseinrichtungen gelingt, die Fähigkeit zur reflexiven Berufsausübung zu vermitteln (vgl. Hinte 2006, Ackermann u. Seeck 1999 sowie Thole u. Küster-Schapfl 1996). Empirische Untersuchungen von Ackermann und Seeck (1999) sowie von Thole und Küster-Schapfl (1996) haben ergeben, dass durch das Studium ein eigenständiges berufliches Selbstverständnis und eine adäquate Fachlichkeit für die einzelnen Handlungsfelder kaum erreicht werden. Es gelingt den Hochschulen nicht, die Absolventen in angemessener Weise auf die Anforderungen der unterschiedlichen Praxisfelder vorzubereiten (vgl. Seeck u. Ackermann 2000, 29).

In der Praxis auftretende Konflikte werden aus diesem Grund nicht unter Bezugnahme auf das „wissenschaftliche Referenzsystem" der Disziplin betrachtet oder zu lösen versucht. Ackermann und Seeck stellen fest, dass zur Bewältigung der Konflikte in der Regel fast ausschließlich auf alltagstheoretisch angeeignetes Wissen und frühere Erfahrungen zurückgegriffen wird (vgl. Seeck u. Ackermann 2000, 29). Das Dilemma der Sozialen Arbeit kann in Anlehnung an Bader und Krüger als Dilemma zwischen „unbegriffener Theorie" und „begriffsloser Praxis" verortet werden (Bader u. Krüger 1984).

Küster als Vertreter der Disziplin der Sozialen Arbeit geht von der These aus, dass es den Studierenden nur in Ausnahmefällen gelingt, im Studium einen fachlich-reflexiven Habitus auszubilden (vgl. Küster 2002, 833). Die Absolventen der Fachhochschulen werden, folgt man dieser These, dem fachlichen Anspruch nach theoriegeleiteter Reflexion kaum gerecht. Fricke und Grauer stellen generell in Frage, ob das Studium der Sozialen Arbeit überhaupt einen erkennbaren Einfluss auf die spätere fachliche Kompetenz hat (vgl. Fricke u. Grauer 1994, 302). Zur Bewertung von Handlungssituationen greifen Fachkräfte – so der Vorwurf – primär auf alltagstheoretische Erklärungsansätze zurück. Hieraus ist zu schließen, dass das Reflexionsniveau durch das Studium nicht verändert wird. Es stagniert auf dem Niveau, auf dem es bereits bei Aufnahme des Studiums war.

Absicht des Forschungsansatzes ist es, der Frage nachzugehen, ob das Studium die Studierenden in die Lage versetzt, sich gegenüber Problemen, mit denen sie sich in der Praxis konfrontiert sehen, reflexiv zu verhalten. Um über diese Frage Aufschluss zu erhalten, wurde an der HAWK Hildesheim/ Holzminden/ Göttingen eine empirische Studie durchgeführt. Vorab wurden auf der Grundlage einer kritischen Auseinandersetzung mit den aktuellen Thesen zur Profession (Heiner 2004, Spiegel 2004, Hinte 2001, Müller 1991) die Kernbestandteile einer professionellen Reflexion herausgearbeitet und zusammengefasst.

Auf Basis der Ergebnisse der Studie wurden Vorschläge für das Curriculum „Theorie- und Praxisverknüpfung“ entwickelt. Diese Vorschläge beziehen sich auf die Rahmenbedingungen und Methoden der Aneignung einer reflexiven Professionalität in Theorie-Praxis-Seminaren. Die an der HAWK zugrunde gelegten Standards, die auf den Standards der Fachverbände (DBSH u. IFSW) beruhen, wurden auf ihre empirische Konsistenz hin überprüft, um sie wieder in die Theoriediskussion einzubetten bzw. vorhandene Ansätze zu modifizieren.

Im Diplom-Studiengang Soziale Arbeit an der HAWK Hildesheim/ Holzminden/ Göttingen sind zwei Praxisphasen im Umfang von insgesamt 300 Stunden eingebettet. Diese Phasen können in Blöcken in der vorlesungsfreien Zeit oder studienbegleitend während des Semesters absolviert werden. Im Anschluss an das Studium absolvieren die Studierenden ein Berufspraktikum, das mit der „Staatlichen Anerkennung“ abgeschlossen wird. Das Berufspraktikum umfasst eine einjährige berufspraktische Tätigkeit in einer sozialen Einrichtung.

Die Praktika werden mit speziellen Seminaren zur Praxisbegleitung verknüpft. Praktika und Begleitseminare sollen die Möglichkeit zur Erschließung von Praxisfeldern, sozialen Einrichtungen und deren Zielgruppen eröffnen. Sie leisten einen Beitrag zur Entwicklung einer eigenen Berufsidentität, in dem sie zu einer Auseinandersetzung mit dem Professionsverständnis der Mitarbeiter und der eigenen Berufswahlmotive anregen. Darüber hinaus bieten die begleiteten Praxisphasen Gelegenheit zur Erprobung der eigenen Fähigkeiten, zur Schärfung der eigenen Sichtweisen und zur Entwicklung eines eigenen Methodenverständnisses. Ziel ist es, Bezüge zwischen der Theorie und der Praxis Sozialer Arbeit herauszuarbeiten (vgl. Rothschuh 2001, 163ff, Bernler u. Johnsson 1995, 15f).

Die vorgenannten Funktionen der begleiteten berufspraktischen Phasen werden im Grund- und Hauptstudium unterschiedlich gewichtet. Im Grundstudium steht die Orientierung auf die grundlegenden Aspekte der Berufswirklichkeit der Sozialen Arbeit im Vordergrund. Im Hauptstudium sollen eigene Erfahrungen der praktischen Arbeit in einer Institution bzw. mit den Zielgruppen gesammelt werden (Rothschuh 2001, 156). Das Berufspraktikum wird mit 20 Studientagen durch die Hochschule begleitet. Die eine Hälfte der Studientage dient der Reflexion der gemachten Erfahrungen. In der anderen Hälfte steht die Ergänzung des Methodenrepertoires bzw. die Auseinandersetzung mit innovativen Ansätzen aus den Handlungsfeldern im Zentrum.

Gegenstand der Untersuchung waren die Praktikumsberichte, die von den Studierenden jeweils in den drei Studienphasen des Grund – und Hauptstudiums sowie des Berufspraktikums zu erstellen sind. Es wurden Stichproben aus den verschiedenen Studienphasen des Wintersemesters 2004 genommen.

Die Daten wurden daraufhin analysiert, ob die von der Studienordnung geforderten Reflexionsanteile sowohl an Quantität als auch an Qualität im Verlauf des Studiums zunehmen. Die Methode der Typenbildung von Susann Kluge (Kluge 2000) erwies sich als geeignetes Instrument, um aus den Texten die Themen herauszufiltern, die den Studierenden mehrheitlich als so bedeutsam erschienen, dass sie sie in ihrem Praktikumsbericht bearbeiteten. Die Bildung der Typen erfolgte also in dieser Hinsicht induktiv, aus dem Material heraus und ermöglichte es so, die Schwierigkeiten der Studierenden möglichst unverstellt wahrzunehmen. Auf diese Weise konnte gewährleistet werden, dass die Berichte nicht allein anhand der Erwartungen, die aufgrund der Definitionen zur Reflexion und Professionalität in der Sozialen Arbeit geprägt wurden, ausgewertet wurden. Das Erkenntnisinteresse richtete sich insbesondere auf die Reflexion des Professionsverständnisses der Studierenden. Werden die persönlichen Faktoren, die konstitutiv für eine reflexive Professionalität sind, also Selbstbild, Berufswahlmotiv, individueller Wertestandard sowie der Umgang mit Macht und Kontrolle hinreichend hinterfragt?

Im ersten Kapitel des Buches werden, nach einer kurzen geschichtlichen Darstellung des Professionalisierungsdiskurses in der Sozialen Arbeit, die derzeit wichtigsten Professionsmodelle für das Handlungsfeld dargestellt. Die vorgestellten Modelle verfolgen die Intention, die professionelle Tätigkeit als eine spezifische und herausgehobene Strukturvariante des beruflichen Handelns zu beschreiben.

Im zweiten Kapitel steht die professionelle Handlungskompetenz im Zentrum der Betrachtung. Die Grundlage bildet das Kompetenzmodell von Karl-Heinz Geißler und Marianne Hege, das für die Analyse von Handlungskompetenzen in der Sozialen Arbeit eine richtungsweisende Funktion erfüllt (vgl. Geißler u. Hege 1988). Das Modell folgt der Annahme, dass erst die Integration von instrumenteller, reflexiver und sozialer Kompetenz die Voraussetzung für die Aneignung einer professionellen Identität und einer erfolgreichen Problembearbeitung schafft. Dieses Postulat hat seinen Niederschlag im Konstrukt „Person als Werkzeug“ gefunden. Hiltrud von Spiegel subsumiert hierunter die Fähigkeit der Fachkräfte, Können, Wissen und Haltung im beruflichen Alltag situations- und personenadäquat einsetzen zu können. Um diesem Anspruch gerecht zu werden, müssen die professionell Handelnden in der Lage sein, einen offenen Diskurs über unterschiedliche Situationsdefinitionen zu führen. Von grundlegender Bedeutung ist dabei die reflexive Erfassung des menschlichen Verhaltens und der gesellschaftlichen Verhältnisse (vgl. Spiegel 2004, 84).

In den Analysen zur Professionalisierung wird der Frage nach der Wissensbasis des professionellen Handelns eine große Bedeutung beigemessen (vgl. Dewe u.a. 1992, Dewe u. Otto 2001). Wie theoretisches Wissen in praktisches Handeln überführt wird, steht im Zentrum des dritten Kapitels. Der Reflexion des Handelns kommt hierbei eine große Bedeutung zu. Durch die professionelle Reflexion der beruflichen Praxis wird „Wissen“ in „Können“ umgewandelt.

Die Bedeutung von Reflexion für das professionelle Handeln in der Sozialen Arbeit wird im vierten Kapitel dargestellt. Die wesentlichen Aspekte einer reflexiven Professionalität, die Notwendigkeit einen „exzentrischen Standpunkt“ (vgl. Schröder 2002, 11f) einzunehmen, die Reflexion der persönlichen Faktoren im Unterstützungsprozess und die Reflexion von Macht in der professionellen Beziehung werden ebenso herausgearbeitet wie Kriterien für die Beurteilung reflexiver Professionalität.

Der Aufbau der empirischen Studie und die Auswertung der Ergebnisse stehen im Zentrum des fünften Kapitels. Nachdem Fragestellung und Ausgangspunkt der Untersuchung dargestellt wurden, folgt eine Beschreibung des Untersuchungsgegenstands. Im Anschluss wird das Analyseverfahren, das sich am Stufenmodell empirisch begründeter Typenbildung (Kluge 2000) orientiert, vorgestellt. Das folgende Kapitel umfasst die Entwicklung und Darstellung der Kategorien. Die Präsentation der Ergebnisse bildet den Schwerpunkt.

Im sechsten Kapitel werden wichtige Methoden genannt, die den Studierenden einen Zugang zur theoriegeleiteten Reflexion erschließen können. Exemplarisch werden die „Multiperspektivische Fallarbeit“, die „Fallrekonstruktion“, die „Kollegiale Beratung“, die „Situationsanalyse“ und der „Transformative Dreischritt“ skizziert. Die Ergebnisse werden im Anschluss auf das Curriculum der „Sozialen Arbeit“ bezogen. Schlussfolgerungen für die Weiterentwicklung des Curriculums werden aufgezeigt. Hier wird insbesondere dargestellt, wie durch ein auf Reflexion ausgerichtetes Curriculum das Reflexionsniveau der professionell Handelnden in der Sozialen Arbeit positiv beeinflusst werden kann. Außerdem werden Anregungen gegeben, welche Veränderungen im Curriculum notwendig sind, um grundlegende Voraussetzungen für die Aneignung einer „reflexiven Professionalität“ zu schaffen. Es scheint zwingend geboten, in den Theorie-Praxis-Seminaren vom bloßen Dozieren „über“ Reflexion zum angeleiteten Einüben „von“ Reflexion überzugehen.

An dieser Stelle möchte ich mich bei meinen Kollegen und Kolleginnen aus dem Modul „Professionelle Identitätsbildung“ für die fruchtbaren Anregungen und Diskussionen bedanken. Mein Dank gilt auch der „Hochschule für Angewandte Wissenschaft und Kunst – Fachhochschule Hildesheim, Holzminden, Göttingen“ (HAWK) und dem Förderkreis der Fakultät „Soziale Arbeit und Gesundheit“ für die mir gewährte Unterstützung.

1 Profession und Professionalität

1.1 Professionstheorie

In der Sozialen Arbeit begann ein intensiver Diskurs professionstheoretischer Ansätze in den siebziger Jahren des letzten Jahrhunderts. Zwei parallele Entwicklungen waren hierfür ausschlaggebend, zum einen die zu Beginn der siebziger Jahre auf den Weg gebrachte Akademisierung der Ausbildung, zum anderen die Ende der siebziger Jahre einsetzende kritische Auseinandersetzung mit der gesellschaftlichen Rolle der Professionellen (vgl. Dewe u. Otto 2001, 1399).

Ab 1971 wurden die Höheren Fachschulen für Sozialpädagogik in Fachhochschulstudiengänge überführt. Etwa zeitgleich wurde eine sozialpädagogische Ausbildung an den Universitäten als Studienrichtung des Studiengangs Erziehungswissenschaften eingerichtet (vgl. Rauschenbach 1996, 81f). In diesem Kontext versuchte sich die Soziale Arbeit als Profession zu etablieren. In den folgenden Jahren erhielt das Bestreben, den Berufsstand zu professionalisieren, eine neue Prägung. Gesellschaftspolitische Fragestellungen rückten zunehmend in den Vordergrund. Im Zentrum der Debatte stand dabei das Verhältnis von Professionellen und Laien. In den Blick rückten die gesellschaftlichen Macht-, Herrschafts- und Kontrollstrukturen. Professionelle wurden als „zentrale Akteure in sozialen und hegemonialen Normalisierungs- und Disziplinierungsdiskursen“ (Helsper u.a., 2000, 5) verortet. Professionalisierung wurde primär als Prozess der Expertisierung und somit als Entmündigung der Laien verstanden.

Die Expertisierung ist eine Folge der gesellschaftlichen Arbeitsteilung. Die Spezialisierung auf bestimmte Arbeitsbereiche hat Auswirkungen auf die soziale Verteilung des Wissens. Alfred Schütz hat verdeutlicht, dass die Wissensbestände von Experten bzw. Sachverständigen Sonderwissen, also nicht für jedermann zugängliches Wissen darstellen (vgl. Schütz u. Luckmann 2003, 437ff). In Gesellschaften mit einer komplexen Arbeitsteilung wird dieses Sonderwissen der Experten zu einem Machtfaktor. Die Abhängigkeit der Laien von den Sachverständigen wächst kontinuierlich (vgl. Schütz u. Luckmann 2003, 442). Nach Gildemeister ist Expertisierung die bewusste oder unbewusste Nutzung dieser Macht, die durch eine Monopolisierung der Zuständigkeiten bzw. die Abschottung von Kompetenzbereichen gesichert werden soll (vgl. Gildemeister 1996, 443).

Als Folgen der Expertisierung können u. a. die Bildung von Hierarchien und die Sicherung von Macht und Einflusssphären ausgemacht werden. In der Sozialen Arbeit wurde dieser Konflikt in der Auseinandersetzung mit der Selbsthilfebewegung besonders deutlich. Kernforderung der Selbsthilfebewegung war eine Stärkung der Gestaltungs- und Selbstbestimmungsmöglichkeiten der Betroffenen (Laien) in Abhebung zu den als einschränkend, unterdrückend und unzulänglich empfundenen Angebotsstrukturen der etablierten Sozialen Arbeit (Experten).

Der Vorwurf gegen die Professionalisierungsbestrebungen in der Sozialen Arbeit lautete, dass die Berufsgruppen vor allem das Ziel des sozialen Aufstiegs und der Statusverbesserung verfolgten. Als geeignetes Mittel, dieses Ziel zu erreichen, diente die Expertisierung, die mit der geschilderten Ausweitung von Macht und Kontrolle einherging (vgl. Helsper u.a. 2000, 5f).

Helsper, Krüger und Rabe-Kleeberg sehen in der damaligen Kritik einen Verweis auf ein Strukturproblem des professionellen Handelns, das im Spannungsverhältnis von „Hilfe und Kontrolle“ zum Ausdruck kommt. Die Soziale Arbeit ist einerseits den Ansprüchen der Gesellschaft und andererseits den Bedürfnissen und Fähigkeiten der Individuen verpflichtet. Da sie jedoch nur über knappe Ressourcen verfügt, besteht die Gefahr, dass sie sich einseitig für Kontrollzwecke vereinnahmen lässt. Die Macht, die der Sozialen Arbeit durch ihren gesellschaftlichen Normalisierungsauftrag zuwächst, kann prinzipiell auch missbraucht und gegen die Klienten und Adressaten verwendet werden (vgl. Helsper u.a. 2000, 6).

Im folgenden Kapitel werden drei unterschiedliche Professionsmodelle vorgestellt. Die Gemeinsamkeit der Modelle besteht in der Absicht, die professionelle Tätigkeit als eine spezifische und herausgehobene Strukturvariante des beruflichen Handelns zu beschreiben (vgl. Helsper u.a. 2000, 8).

1.2 Professionsmodelle

Den Erklärungsansätzen, die das Merkmal des professionellen Handelns zum Gegenstand haben, können drei Zugangswege (strukturtheoretisch, systemtheoretisch und symbolisch-interaktionistisch) zugeordnet werden. Alle drei Zugänge eint die gemeinsame handlungs- und wirkungsorientierte Perspektive (vgl. Heiner 2004, 16). „Professionalität" wird durch die effektive und den beruflichen Standards entsprechende Erfüllung der Aufgaben definiert. Im Zentrum der wissenschaftlichen Analyse der Berufsvollzüge steht die Frage, ob die Aufgaben von den Fachkräften den Standards gemäß ausgeführt werden (können) und ob die angestrebten Ergebnisse erreicht werden (vgl. Heiner 2004, 16).

Gemeinsames Ziel dieser Modelle ist die Erweiterung früherer professionssoziologischer Ansätze, welche ausschließlich eine berufsstrukturelle Perspektive betonten. Bei der berufsstrukturellen Perspektive standen die Aspekte des sozialen Status und der Selbstregulierungskapazität im Vordergrund. In diesen Ansätzen wurde das Attribut „Profession" nur Berufen zugeschrieben, die folgende Merkmale aufweisen: spezielle Expertise, akademische Ausbildung, abgegrenzte Kompetenzdomäne, Aufgaben von grundlegender Bedeutung, Autonomie, große Entscheidungsspielräume sowie ein kodifiziertes berufliches Ethos (vgl. Dewe u. Otto 2001, 1402f).

In diesem Buch steht die theoriegeleitete Reflexion von Berufsvollzügen im Zentrum. Aus diesem Grund wird auf eine vertiefende Darstellung des berufsstrukturellen Professionalisierungsmodells verzichtet.

1.2.1 Das strukturtheoretische Professionsmodell

Die Analyse der Strukturlogik des professionellen Handelns steht im Zentrum des strukturtheoretischen Professionsmodells. Das Modell geht auf Talcott Parsons zurück. Als zentrale Kategorien einer Profession bezeichnet Parsons die „Institutionalisierung disziplinärer Wissenshorizonte [so]wie die Etablierung professioneller Praxis" (Tiefel 2004, 33). Die Kategorien stehen nach Parsons in einem hierarchischen Verhältnis zueinander.

Das professionelle bzw. akademische Wissen hat zwei Funktionen. Es dient einerseits der Ausprägung eines Kenntnishorizonts. Andererseits liefert es als Wertesystem und Kontrollinstanz die Grundlagen für das Handeln der Professionellen (vgl. Tiefel 2004, 33).

An diese Überlegungen schließt Ulrich Oevermann an. Für ihn sind Professionen die Akteure, die im Rahmen ihres gesellschaftlichen Kontroll- und Ordnungsauftrags neue Lösungsmöglichkeiten und Strategien für die strukturbedingten, gesellschaftlichen Krisen entwickeln und zu ihrer individuellen Bewältigung beitragen. Nach Oevermann erfüllt die professionelle Praxis für den Aufbau und den Erhalt jeder Gesellschaft drei Funktionen: Beschaffung von Konsens, Beschaffung von Wahrheit und Beschaffung von Therapie (vgl. Oevermann 1996, 88ff).

Dem dritten Funktionsbereich „Beschaffung von Therapie" ordnet Oevermann neben Medizin, Theologie und Erziehung auch die Soziale Arbeit zu. Zu den zentralen Aufgaben dieses Bereichs zählt die Organisation von gesellschaftlichen Integrations- bzw. Reintegrationsprozessen. Diese sind untrennbar mit dem Ausüben sozialer Kontrolle verbunden.

Um professionell handlungsfähig zu sein, bedarf es neben der Aneignung akademischen (Fach-) Wissens auch der beruflichen Sozialisation. Ziel dieses Sozialisationsprozesses ist die Ausbildung eines professionellen Habitus. Erst durch diese zweifache Professionalisierung (vgl. Wagner 1998, 67) wird der Handelnde befähigt, sich in die Lage des Klienten hineinzuversetzen und mit ihm zusammen oder stellvertretend für ihn Interventionen zu planen und umzusetzen. Dieses Verfahren bezeichnet Oevermann als „stellvertretende Deutung" (Oevermann 1996). Hierunter ist die Fähigkeit und Bereitschaft des professionell Handelnden zu verstehen, zusammen mit den Klienten deren Problemzusammenhänge zu rekonstruieren. Durch den professionell Handelnden werden neues Wissen und andere Sichtweisen eingebracht. Hierdurch werden geschlossene Deutungsmuster geöffnet und neue Sichtweisen und subjektive Handlungsmöglichkeiten erschlossen (vgl. Spiegel 2004, 102).

Oevermann grenzt sich von Parsons vor allem im Verständnis des professionellen Handelns ab. Nach seiner Auffassung sind Theorie- und Praxiswissen nicht hierarchisch gestaffelt. Er konstatiert ein eher gleichberechtigtes Verhältnis dieser beiden Wissensarten zueinander. Professionelles Handeln kann als wissenschaftliches Problemlösen in der Praxis aufgefasst werden (vgl. Tiefel 2004, 35).

1.2.2 Das systemtheoretische Professionsmodell

Als bedeutendster Vertreter eines systemtheoretisch fundierten Professionsmodells gilt Rudolf Stichweh. Aus systemtheoretischer Perspektive betrachtet Stichweh Professionen als gesellschaftliche Funktionssysteme. Diese haben die Herstellung sozialer Anschlüsse (Inklusion) aller Gesellschaftsmitglieder in Systemprozesse zur Aufgabe. Als spezialisierte Berufsgruppe sind sie dafür zuständig, an der Lösung von Problemen mitzuwirken, die sich aus dem kontinuierlichen Aufbau und der Änderung von Strukturen ergeben. Darüber hinaus tragen sie Sorge für die Identitätserhaltung der mit diesen Veränderungen konfrontierten Personen (vgl. Stichweh 1992, 43). Das professionelle Handeln bezieht sich in diesem Sinn auf Personen, die strukturell oder situativ von sozialen Prozessen ausgeschlossen (Exklusion) sind. Unter struktureller Exklusion versteht Stichweh den Umstand, dass Personen aufgrund ihrer fehlenden Kenntnis oder ihres fehlenden Engagements die Teilhabe verwehrt wird. Mit situativer Exklusion ist gemeint, dass Personen, die in eine Notlage geraten sind, keine Partizipationsmöglichkeiten haben (vgl. Stichweh 1992, 43). Stichweh führt für die auf Inklusion ausgerichtete Tätigkeit der Professionellen die Kategorie der „Vermittlung“ ein, da neben der konkreten Problemlösung immer auch Distanzüberbrückung geleistet wird (vgl. Stichweh 1992, 43).

Mit der Kategorie „Vermittlung“ beabsichtigt Stichweh auch die soziologische Präzisierung der von Oevermann eingeführten Kategorie der „stellvertretenden Deutung“. An dieser Kategorie kritisiert Stichweh, dass sie die intermediäre Position des professionell Handelnden nicht abbildet. Die Kategorie der „stellvertretenden Deutung“ suggeriert nach Stichwehs Auffassung eher ein zweiseitiges Verhältnis zwischen dem Professionellen und dem Klienten. Durch die Kategorie der Vermittlung wird stärker „die Repräsentation einer autonomen Sinnperspektive oder Sachthematik durch den Professionellen im Verhältnis zu seinem Klienten“ (Stichweh 1992, 44), also die Dreistelligkeit der Beziehung betont.

1.2.3 Das interaktionistische Professionsmodell

Im interaktionistischen Professionsmodell stehen neben den beruflichen Handlungsvollzügen die Kompetenzen zur Problemlösung im Zentrum der Analyse. Fritz Schütze, auf den dieses Modell zurückgeht, hat in Abhebung zum strukturbezogenen „klassischen" Professionsmodell die Eigenart des sozialarbeiterischen Berufsspektrums empirisch herausgearbeitet.

Er folgt dabei dem Professionsmodell der „Chicago School of Sociology", insbesondere den Arbeiten von Everett Hughes. In Anlehnung an Hughes sind für Schütze Professionen in einem weitgehend abgeschlossenen Orientierungs- und Handlungsbereich tätig. Dieser hebt sich sowohl von der alltäglichen Laienwelt als auch von anderen Expertensinnwelten ab. In diesem Orientierungs- und Handlungsbereich werden von Berufsexperten, die über eine wissenschaftliche oder praktische Ausbildung verfügen, autorisierte Dienstleitungen („Lizenz") im gesellschaftlichen Auftrag („Mandat") erbracht (vgl. Schütze 1992, 135).

Ausgangspunkt dieses Professionsmodells ist die berufliche Wirklichkeit. Die Praxis der Sozialen Arbeit ist gekennzeichnet von den fachlichen und qualitativen Standards und dem hierauf basierenden Angebotsspektrum. Spiegel schlussfolgert, dass die Profession Soziale Arbeit demnach nicht primär als ein Wissenssystem, sondern als ein Handlungssystem aufgefasst werden kann. Das „Verhältnis zum Wissen definiert sich als Anwendung von Wissen unter Handlungszwang" (Spiegel 2004, 53).

Die strukturfunktionalistische Berufssoziologie steht diesem Ansatz kritisch gegenüber. Als Hauptkritik führt sie an, dass die Soziale Arbeit primär Leistungen erbringt, deren Reichweite und Wirkung nicht in ihrer Entscheidungsgewalt liegen. Dies ergibt sich bereits durch die starke Einbindung der Sozialen Arbeit in feste Organisationsstrukturen sowie durch die sozialstaatlichen Rahmenbedingungen. Aus dieser Analyse folgt, dass die Soziale Arbeit nicht beanspruchen kann, als Profession zu gelten. Diese Auffassung teilt Schütze nicht. Den kritischen Einwänden gegenüber arbeitet er heraus, dass die von Hughes vorgegebenen essentiellen Voraussetzungen für Professionalität von der Sozialen Arbeit erfüllt werden. Im Kern sind dies, der oben zitierten Definition folgend, „das jeweilige Mandat" und „die jeweilige Lizenz". Im Kontext der Sozialen Arbeit ist dies die Erbringung einer gesellschaftlichen Dienstleistung mit dem hierfür erforderlichen gesellschaftlichen Mandat (vgl. Schütze 1992, 139ff). Soziale Arbeit verfügt sowohl über ein wichtiges gesellschaftliches Mandat als auch über ein breites Spektrum von Theorien, Methoden und Handlungskonzepten, die geeignet sind, um in Lebenssituationen und Lebenslagen von Menschen intervenierend einzugreifen (vgl. Schütze 1984, 354 u. 361f). Zentrale gesellschaftliche Aufgabe der Sozialen Arbeit ist es, zur Verhütung, Minderung und Bewältigung von schwierigen Lebenssituationen beizutragen. Diesen Auftrag führt die Soziale Arbeit aus. Sie hat hierbei einen erheblichen Gestaltungsfreiraum und ist kein ohnmächtiger verwaltungsabhängiger Beruf (vgl. Heiner 2004, 21).

Dennoch befindet sich die Soziale Arbeit zeitweise in einem Loyalitätskonflikt. Dieser wird auch als „doppeltes Mandat" beschrieben. Die Profession ist sowohl dem Klienten als auch der Gesellschaft verpflichtet. Das Wohl des Klienten und das Gemeinwohl bzw. die gesellschaftlich definierten Normen sind aber häufig nicht deckungsgleich. Es ergeben sich Widerspruchsverhältnisse, die den beruflichen Alltag der Sozialen Arbeit bestimmen (vgl. Heiner 2004, 21).

In diesem Zusammenhang prägte Schütze den Begriff der „Paradoxien professionellen Handelns" (Schütze 1992, 146ff). Hierunter sind systemimmanente Problemkonstellationen der Sozialen Arbeit in der Interaktion mit ihren Adressaten zu verstehen (vgl. Gildemeister 1992, 211f). Zunächst wurden diese Paradoxien als unaufhebbare und unauflösbare Gegensätze thematisiert. Neben dem Gegensatz von „Kontrolle und Hilfe" wurden eine Vielzahl weiterer Gegensatzpaare herausgearbeitet. Schütze nennt folgende Beispiele:

- allgemeine Typenkategorien vs. Situierung;
- geduldiges Zuwarten vs. sofortige Intervention;
- biografische Ganzheitlichkeit der Fallentwicklung vs. Expertenspezialisierung;
- exemplarisches Vormachen vs. die Gefahr, den Klienten unselbständig zu machen;
- professionelle Ordnungs- und Sicherheitsgesichtspunkte vs. Eingrenzung der Entscheidungsfreiheit des Klienten;

- Fokussierung des durch die Akte vermittelten Bildes vs. Dekontextualisierung dieses Bildes von der Lebensrealität des Klienten (vgl. Schütze 1992, 146ff).

Gildemeister weist darauf hin, dass Paradoxien keinesfalls nur für die Profession der Sozialen Arbeit kennzeichnend sind. Fehlt es jedoch an einem ausgeprägten beruflichen Habitus und einer einheitlichen Berufsidentität – und beide Aspekte sind in der Sozialen Arbeit noch immer nicht fest verankert – können die oben aufgezeigten Widersprüche zu beruflichen Krisen bis hin zum Burn-Out führen (vgl. Gildemeister 1992, 212).

Erst in den 90er Jahren des letzten Jahrhunderts wurde im Bemühen um ein theoretisch fundiertes Professionsmodell nach und nach von der bipolaren Betrachtungsweise Abstand genommen. In den Mittelpunkt der Analyse rückten zunehmend Mischungsverhältnisse, die die Ambivalenz der Handlungsmöglichkeiten und Interventionsformen zwischen den Polen aufzeigen. Im neueren professionstheoretischen Diskurs wurde eine Akzentverschiebung vorgenommen. Der Fokus der Sozialen Arbeit liegt nicht mehr auf der Betonung von unauflösbaren Widersprüchen und Paradoxien. Das Aufgabenprofil der Sozialen Arbeit zeichnet sich dieser neuen Ausrichtung nach durch seine positive intermediäre Funktion aus. Die Soziale Arbeit hat sowohl eine Verpflichtung gegenüber den Ansprüchen der Gesellschaft als auch gegenüber den Bedürfnissen und Fähigkeiten der Individuen. Sie hat die Aufgabe, zwischen beiden Ansprüchen vermittelnd tätig zu werden (vgl. Heiner 2004, 30).

2 Professionelle Handlungskompetenz

2.1 Schlüsselqualifikationen / Schlüsselkompetenzen

Auf der Grundlage von verschiedenen theoretischen Konzepten wird im aktuellen Fachdiskurs versucht, ein Bündel von Handlungskompetenzen zusammenzutragen, deren Beherrschung den Fachkräften bei der Bewältigung von praktischen Problemen Erfolg verspricht. Diese Kompetenzen werden „Soft Skills" (BAG der Praxisämter/ -Referate 1999), Schlüsselkompetenzen (Geißler u. Hege 1988) oder Schlüsselqualifikationen (Richter 1995) genannt.

C. Wolfgang Müller unterscheidet die Begriffe „Qualifikation" und „Qualifizierung" von dem Begriff „Kompetenzen". „Qualifikation" bezeichnet die Summe von Kenntnissen und Erkenntnissen, Fertigkeiten und Routinen, die sich Fachkräfte in einem Ausbildungsprozess angeeignet bzw. die sie entwickelt haben (vgl. Müller 2001, 153). Unter dem Begriff Kompetenz versteht Müller dagegen die Fähigkeit, dieses erworbene Wissen im Berufsalltag anzuwenden (vgl. Müller 2001, 153).

Der Begriff der Schlüsselqualifikation geht auf den Arbeitsmarktforscher Dieter Mertens zurück, der ihn 1973 eingeführt hat. In seiner an Mertens angelehnten Definition betont Müller, dass entgegen ausschließlich branchenspezifischer Anforderungen ein Set von allgemeingültigen Kenntnissen und Fertigkeiten für das professionelle Handeln erforderlich ist (vgl. Müller 2001, 153). Diese fasst er als Schlüsselqualifikationen zusammen. Mit dem Konzept „Schlüsselqualifikation" werden zwei unterschiedliche Dimensionen miteinander verknüpft. Zum einen ist dies die Betonung der Flexibilität und Variabilität menschlichen Verhaltens in Abhebung zu der verbreiteten Annahme, dass Menschen einmal erworbenen Kenntnissen und Fertigkeiten lebenslang verhaftet bleiben. Zum anderen ist dies die Betonung von sozialen und emotionalen Qualitäten, die sich in der Art und Weise des Umgangs mit anderen, aber auch in der Fähigkeit, die eigenen Kapazitäten und Ressourcen zu steuern, zeigen (vgl. Müller 2001, 153).

Geißler und Hege haben bereits in den 80er Jahren Kompetenzen herausgearbeitet, die für die Arbeit im sozialen Bereich notwendig sind. Sie gehen dabei von der These aus, dass erst die Integration von instrumenteller, reflexiver und sozialer Kompetenz eine Identitätserfahrung und erfolgreiche Problembearbeitung gewährleistet (vgl. Geißler u. Hege 1988, 226). Im folgenden Kapitel wird das Kompetenzmodell von Geißler und Hege kurz vorgestellt.

2.2 Das Kompetenzmodell von Geißler und Hege

Da der Kompetenzbegriff in vielfältiger Weise benutzt wird, stellen Geißler und Hege ihrem Modell eine kurze Definition voran. Unter Kompetenz wird allgemein eine sachdienliche Handlungsweise in einem bestimmten Verantwortungsbereich verstanden. Kompetenz kann in diesem Sinne als Möglichkeit betrachtet werden, die Gesamtheit von Fähigkeiten und Fertigkeiten im realen Handlungsvollzug so abgestimmt einsetzen zu können, dass gesteckte Ziele erreicht und die gestellten Aufgaben erfüllt werden.

2.2.1 Instrumentelle (fachliche) Kompetenz

Unter instrumenteller bzw. fachlicher Kompetenz wird die Fähigkeit verstanden, im sozialen Bereich angemessen zu handeln. Sie erfordert neben der Beherrschung des professionellen Handwerkszeugs auch die Aneignung von Kenntnissen über die Rahmenbedingungen und die Zielgruppe der Sozialen Arbeit. Geißler und Hege fassen diese Fähigkeit als instrumentelle Kompetenz zusammen. Diese definieren sie als die Beherrschung von Fähigkeiten und Fertigkeiten, die Ausprägung von Verhaltensroutinen und die Anwendung von Fachwissen (vgl. Geißler u. Hege 1988, 227).

Ein fachlich kompetentes Handeln setzt Kenntnisse über die speziellen Lebensbedingungen bzw. -situationen der jeweiligen Zielgruppe (alte Menschen, Jugendliche, Flüchtlinge, Wohnungslose etc.) voraus. Einen Schwerpunkt bilden dabei die konkreten Rahmenbedingungen der Sozialen Arbeit. Hierunter sind insbesondere die gesellschaftspolitischen, juristischen und verbandlichen Bedingungen zu verstehen, die die Tätigkeiten im sozialen Bereich determinieren (vgl. Kammerer u. Deutsch 1986, 310).

Geißler und Hege betonen, dass ein ausschließlich instrumentelles Handeln dem Klienten als Subjekt nicht gerecht wird. Der Klient läuft Gefahr, zum Objekt der professionellen Intervention degradiert zu werden. Kompetentes Handeln in der Sozialen Arbeit setzt die Integration von instrumenteller, reflexiver und sozialer Kompetenz voraus (vgl. Geißler u. Hege 1988, 226).

2.2.2 Soziale (methodische) Kompetenz

Maßnahmen, die auf eine Verbesserung der Kommunikations- und Handlungsfähigkeit in sozialen Gruppen zielen, sind unter dem Oberbegriff „Vermittlung sozialer Kompetenz" zusammengefasst. Unter sozialer Kompetenz werden unterschiedliche Fähigkeiten im Umgang mit anderen Menschen verstanden, wie z.B. die Fähigkeit zu einfühlendem Verständnis, die Fähigkeit, Echtheit und Wertschätzung zu zeigen, die Fähigkeit, Störungen in der Kommunikation zu deuten und die Fähigkeit, die persönliche Ebene von der fachlichen zu trennen.

Die soziale Kompetenz lässt sich als die Fähigkeit der professionell Handelnden fassen, klientenzentriert zu arbeiten. Hierfür ist es erforderlich, dass sich die professionell Handelnden auf die Bedürfnisse der Klienten und auf die Anforderungen der Situation einstellen bzw. einlassen können. Dies setzt zugleich eine professionelle Distanz voraus, damit die Fachkraft die Bedingungen der Situation auf der Metaebene reflektieren kann (vgl. Geißler u. Hege 1988, 232).

Soziale Kompetenz setzt voraus, dass die professionell Handelnden in der Lage sind, sich in die Situation der Betroffenen zu versetzen. Diese Fähigkeit wird als Empathie – als Fähigkeit sich in neue Beziehungen einfühlen zu können – bezeichnet (vgl. Geißler u. Hege 1988, 232f.). Soziale Kompetenz bedeutet, das Gegenüber so zu akzeptieren wie es ist, ohne dass die Persönlichkeit des Professionellen in den Hintergrund gedrängt wird. Die Bedürfnisse des Helfenden sollen nicht im Vordergrund stehen, sie sollen aber auch nicht bedingungslos aufgegeben werden.

2.2.3 Reflexive (persönliche) Kompetenz

Die reflexive Kompetenz beinhaltet die Fähigkeit, die eigene Persönlichkeit mit ihren Stärken und Schwächen, ihren Vorlieben und Abneigungen als Teil der pädagogischen Arbeit zu begreifen.

Reflexive Kompetenz definieren Geißler und Hege als die Fähigkeit des professionell Handelnden, die Bedeutung der eigenen Biografie und der eigenen Lebenssituation für das berufliche Handeln zu erkennen. Beide sind als nicht zu umgehender Hintergrund in den

Handlungssituationen immer unterschwellig präsent (vgl. Geißler u. Hege 1988, 229).

Die biografischen Erfahrungen und die persönliche Lebenssituation des Helfenden haben Einfluss auf die Art und Weise, wie sich das Verhältnis zum Gegenüber in der helfenden Beziehung gestaltet. Ziel der Reflexion der eigenen psychischen Befindlichkeit ist es, sich Klarheit über die Hintergründe und Ursachen des eigenen Verhaltens zu verschaffen. Die Klärung soll dazu dienen, eingefahrene Handlungsweisen zu überdenken bzw. sich der eigenen Ängste oder der eigenen Vorurteile bewusst zu werden. Nur über diesen Schritt ist es möglich, die eigenen Verhaltensweisen zu korrigieren.

2.3 Kompetenzmodell nach Richter

Christoph Richter hat dieses Konzept weiter entwickelt. Er unterscheidet ebenfalls drei Kompetenzen, deren Schnittmenge die individuelle Handlungskompetenz ausmacht (vgl. Richter 1995, 38):

- *Sozialkompetenz*
  Der Begriff Sozialkompetenz meint die Fähigkeit, soziale Prozesse zu initiieren und aufrecht zu erhalten.
- *Methodenkompetenz*
  Mit dem Begriff Methodenkompetenz wird die Fähigkeit bezeichnet, die besonderen Entwicklungsprozesse von Individuen und Organisationen (psychische und soziale Systeme) wahrzunehmen und in den Kontext des professionellen Handelns zu transferieren.
- *Selbstkompetenz*
  Unter dem Begriff Selbstkompetenz versteht Richter die Fähigkeit, sich der persönlichen Stärken und Schwächen bewusst zu werden und die Stärken in das professionelle Handeln einzubringen.

Handlungskompetenz, also die Fähigkeit, das erworbene Fachwissen auch anzuwenden, setzt eine möglichst komplexe Aneignung der Kompetenzen aus den drei genannten Bereichen voraus. Richter betont jedoch, dass es im Aneignungsprozess nicht gelingen kann, die Schlüsselqualifikationen allumfassend zu beherrschen. Die einzelne

Fachkraft ist aufgefordert, durch Aus- und Weiterbildung eine an den Bedürfnissen des beruflichen Alltags orientierte Erweiterung der eigenen Handlungskompetenz anzustreben (vgl. Richter 1995, 38f.).

2.4 Professionelle Handlungskompetenz im Sinne des Konstrukts „Person als Werkzeug"

Wolfgang Hinte kritisiert an den Modellen zur professionellen Kompetenz, dass die Bedeutung von (Selbst-) Reflexion für den Umgang des Professionellen mit seiner eigenen Person, mit seinen eigenen Ängsten und Grenzen sowie mit dem Erleben der Eingeschränktheit der eigenen Handlungsmöglichkeiten nicht hinreichend erfasst wird (vgl. Hinte 2001, 13).

Die Ausrichtung an fremdbestimmten standardisierten Verhaltensregeln greift nach Hinte zu kurz. Ein Katalog von Handlungsmaximen kann dem professionell Handelnden zwar als Orientierungshilfe und Bezugspunkt für verantwortliches Handeln dienen. Die Verbindlichkeit der Regeln muss aber immer überprüft, das Handeln der jeweiligen Situation angepasst werden. Erforderlich ist es, die Elemente der eigenen Biografie zu reflektieren, die die Einstellungen, Normen und Werten geprägt haben und damit zu einer individuellen Deutung der Situation führen (vgl. Hinte 2001, 14).

Professionelles sozialarbeiterisches Handeln basiert auf zwei Erkenntnisschritten. Einerseits muss der Professionelle die Fähigkeit entwickeln, die jeweilige Handlungssituation aus einer Multiperspektive, d.h. über enge Fachgrenzen hinausblickend, wahrzunehmen. Andererseits muss er diese Wahrnehmungen in einem zweiten Schritt in Bezug zur eigenen persönlichen Befindlichkeit setzen (vgl. Hinte 2001, 14). Hiltrud von Spiegel teilt die Analyse von Hinte und schlägt in Anlehnung an Gildemeister (1983) vor, die Kompetenzbeschreibung im Sinne des Konstrukts „Person als Werkzeug" vorzunehmen. Hierunter subsumiert von Spiegel die Fähigkeit – oder in Anlehnung an Alice Salomon (1923) die „Kunst" der Fachkräfte, Können, Wissen und Haltung im beruflichen Alltag den jeweiligen Situationen bzw. Personen entsprechend einzusetzen. Dies setzt die Berücksichtigung der institutionellen Rahmenbedingungen ebenso voraus, wie die Fähigkeit, das theoretisch angeeignete Wissen in Handlungswissen zu transformieren (vgl. Spiegel 2004, 84).

Alfons Limbrunner spricht in diesem Zusammenhang von Kompetenz und Performanz. „Kompetenz ist das Wissen um etwas, Performanz ist die situative Anwendung des Wissens in der Situation.“ (Limbrunner 1998, 17). Kompetenz ist somit die Voraussetzung für Performanz. Professionelles Handeln lässt sich mit Limbrunner als die zielgerichtete, situative und schöpferische Anwendung von Theorien und Techniken durch den Handelnden verstehen (vgl. Limbrunner 1998, 17).

Nach Hinte zeichnet sich professionelles Handeln durch die Fähigkeit der Fachkräfte aus, die vielen unterschiedlichen Facetten des menschlichen Verhaltens und der gesellschaftlichen Verhältnisse in ihrer Komplexität reflexiv und handelnd erfassen zu können. Von grundlegender Bedeutung ist dabei die bewusste Wahrnehmung der folgenden Variablen (vgl. Hinte 2001, 15):

1. *Gesellschaftlich-ökologischer Kontext*
   materielle Lage, Wohnsituation, familiäre Situation, Abhängigkeiten im Berufsleben, räumliche Struktur der Begegnung
2. *Institutionelle Anforderungen und Rahmenbedingungen*
   Dienstaufsicht, Gesetze u. Verordnungen, Vertretung der Institution mit der jeweiligen Aufgabenstellung und Zielsetzung, Eingriffsbefugnisse, institutionelle Zwänge, Vertretung der Institution bezogen auf deren Normen und Werte
3. *Befindlichkeit und Interessen der Klientel*
   vermuteter Zustand bzw. persönliche Verfassung des Gegenüber, Fähigkeit, andere Menschen in dichter Interaktion präzise wahrzunehmen, Wahrnehmung der Interessen und Bedürfnisse des Gegenüber, Vermeidung von Übertragung und Projektion,
4. *Emotionale Befindlichkeit der Fachkräfte*
   eigene emotionale Befindlichkeit erkennen, Erkennen der Ursachen der eigenen Gefühlslage (Lebens- u. Lerngeschichte, spezifische Faktoren der jeweiligen Situation)
5. *Fach- und Methodenwissen*
   Einbeziehung vorhandener wissenschaftlicher und alltagsweltlich reflektierter Erkenntnisse, Kenntnis von Handlungskonzepten und Methoden, Verfügung über theoretische Kenntnisse aus geistes- und gesellschaftswissenschaftlichen Disziplinen (als

Erklärungsmodelle für vorfindbare Situationen, zur Ermöglichung von Prognosen)

Der Kern von professionellem Handeln kann somit als die Verknüpfung von wissenschaftlichem Wissen, Erfahrungswissen und hermeneutischer Sensibilität verstanden werden (vgl. Dewe u.a. 2001, 32). Hermeneutische Sensibilität bzw. „stellvertretende Deutung" wird dabei als die Fähigkeit der Fachkräfte verstanden, den Einzelfall oder „kollektive Einzelfälle" (Gildemeister 1996, 444) und Situationen im Kontext von Theorie deuten zu können (vgl. Spiegel 2004, 66).

Professionelles Handeln zeichnet sich durch die gleichzeitige Berücksichtigung von „Theorieverstehen" und „Fallverstehen" aus. Unter „Theorieverstehen" fassen Dewe, Ferchoff, Scherr und Stüwe die instrumentell-technischen bzw. wissenschaftlich-rationalen Komponenten und unter „Fallverstehen" die verstehens- bzw. verständigungsorientierten Komponenten zusammen (vgl. Dewe u.a. 2001, 37). Die Autoren machen jedoch deutlich, das Theorieverstehen und Fallverstehen in einem prinzipiell nicht aufzulösenden Widerspruchsverhältnis zueinander stehen. Es kann bestenfalls gelingen, diese Widersprüche partiell in der konkreten Situation miteinander in Einklang zu bringen (vgl. Dewe u.a. 2001, 37).

Zusammenfassend lässt sich feststellen, dass kompetentes professionelles Handeln nur gelingen kann, wenn die Fachkraft zum einen die Handlungssituationen ganzheitlich erfasst und zum anderen auf dieser Basis im Rahmen ihrer gegebenen persönlichen Fähigkeiten und Fertigkeiten angemessen reagiert (vgl. Hinte 2001, 14).

Dies setzt voraus, dass die Fachkräfte in der Lage sind, sich auf die komplexe Lebenswirklichkeit ihrer Klientel einzulassen und sie als solche wahrzunehmen. Diese Wahrnehmungen dienen als Grundlage aller Interventionen. Da jede Situation jedoch immer mehrere Interpretationsmöglichkeiten beinhaltet, ist es wesentlich, dass die Fachkräfte in der Lage sind, einen offenen Diskurs über unterschiedliche Situationsdefinitionen zu führen.

3 Wissenschaftswissen und Handlungswissen

In Analysen zur Professionalisierung wird die Frage nach der Wissensbasis professionellen Handelns aufgeworfen. Es wird eine Unterscheidung zwischen Professionswissen, welches nicht identisch ist mit sozialwissenschaftlichem Wissen, und praktischem Handlungswissen vorgenommen. In der Wissensverwendungsforschung wird der Frage nachgegangen, wie theoretisches Wissen in praktisches Handeln überführt wird (vgl. Dewe u.a. 1992, 78).

In der Handlungsforschung wurde dieser Prozess zunächst als einfacher Transfer gedacht. Nach diesem Transfer-Modell sollte das im Studium angeeignete sozialwissenschaftliche Wissen die Grundlage für praktisches Handeln bilden. Dieses Konzept folgte der Annahme, dass sich wissenschaftliches Wissen speichern und in der jeweiligen Handlungssituation abrufen ließe. Außer Acht gelassen wurde dabei, dass wissenschaftliches Wissen an sich noch keine hinreichende Basis für ein erfolgreiches Handeln darstellt.

Dewe, Ferchhoff und Radtke unterscheiden in diesem Zusammenhang zwischen Erklärungswissen und Handlungswissen. Das Erklärungswissen basiert auf Verallgemeinerung. Es ist daher untauglich für die Anleitung in einem konkreten Handlungsvollzug und aus diesem Grund nicht mit dem Handlungswissen gleichzusetzen (vgl. Dewe u.a. 1992, 72).

In Abhebung zum Transfer-Modell wurde ein Modell entwickelt, das den Prozess der Transformation von wissenschaftlichem Wissen in Handlungswissen problematisierte. Der Kern dieser Theorie lässt sich wie folgt zusammenfassen: Handlungswissen und Wissenschaftswissen bilden zwei Varianten der Konstruktion von gesellschaftlicher Wirklichkeit. Sie sind in unterschiedlichen sozialen Kontexten (Wissenschaft und Praxis) entstanden und den jeweiligen Begründungszusammenhängen und ihrer Verwendungslogik unterworfen (vgl. Dewe u.a. 1992, 74).

Das Transformationsmodell wurde in der Folgezeit weiterentwickelt und modifiziert. So wurde durch das Verwendungsmodell von Engelhardt (1982) in den achtziger Jahren des letzten Jahrhunderts ein Perspektivenwechsel eingeführt. Ging man in den früheren Modellen davon aus, dass der Wissenschaft die Aufgabe der Transformation zukomme, machte er die Nutzer für den Transformationsprozess verantwortlich.

Der Handelnde verwandelt in der konkreten Situation die aus seiner Sicht für die Bewältigung der Situation "brauchbaren" sozialwissenschaftlichen Wissenselemente in Handlungswissen. Die Auswahl der Wissenselemente basiert hierbei primär auf dem Aspekt der Nützlichkeit für den Beruf (vgl. Dewe u.a. 1992, 75). Engelhardt hat vier Formen der Transformation sozialwissenschaftlichen Wissens in die Handlungspraxis herausgearbeitet:

1. Die Form der Abschirmung: d.h. wissenschaftliches Wissen wird nur als relevant angesehen, wenn es die konkreten Praktiken bestätigt.
2. Die Form der Umfunktionierung: hier wird das wissenschaftliche Wissen solange an die Realität angepasst, bis es die Praxis bestätigt.
3. Die Form der inkontingenten Abspaltung: wissenschaftliches Wissen wird nur zufällig oder partiell herangezogen.
4. Die Form der produktiven Auseinandersetzung: wissenschaftliches Wissen wird substantiell aufgegriffen. Die Fachkräfte nutzen wissenschaftliches Wissen zur Erklärung und Neubewertung sozialer Problemlagen und leiten konzeptionelle Veränderungen ihres professionellen Handelns hieraus ab (vgl. Engelhardt 1982, 91).

Tietgens entwickelte diese Überlegungen von Engelhardt weiter. Zeichneten sich Engelhardts Definitionen durch die Verschiebung der Nutzerperspektive von der Wissenschaft hin zur Praxis aus, machte Tietgens auf die anzustrebende Perspektivenverschränkung aufmerksam. Ihm zufolge sollten in der Auseinandersetzung von Theorie und Praxis die wechselseitigen Einflüsse in den Fokus gerückt und betont werden (vgl. Tietgens 1988, 5).

Einen radikaleren Schnitt vollzogen Kroner und Wolff (1984) sowie Radtke (1988) mit der Überwindung der „Denkfigur der Vermittlung von Theorie und Praxis" (Dewe u.a. 1992, 78). Stattdessen gehen die Autoren davon aus, dass Wissenschaftswissen und Handlungswissen als eigenständige Wissensformen erhalten bleiben. Durch „Kontrastierung und Relationierung“ (Kroner u. Wolff 1984) oder „Übereinanderschiebung“ (Radtke 1988) entsteht ihrem Modell nach ein eigenständiger neuer Wissensbereich.

Kroner und Wolf charakterisieren diesen Prozess als die Herausarbeitung der Ähnlichkeiten zwischen Wissenschaft und Praxis. Sie sprechen dabei von Kontrastierung und Relationierung, weil beim Herausarbeiten die sozialen Tatbestände an Schärfe, Gestalt und Begrenzung gewinnen und gleichzeitig in ein Verhältnis zueinander gebracht werden (vgl. Kroner u. Wolff 1984, 453).

Dewe u.a. bezeichnen diesen eigenständigen Wissensbereich als professionelles Wissen. Er ist „zwischen praktischem Handlungswissen, mit dem es den permanenten Entscheidungsdruck teilt und dem systematischen Wissenschaftswissen, mit dem es einem gesteigerten Begründungszwang unterliegt“ (Dewe u.a. 1992, 81) angesiedelt.

Als Fazit der bisherigen Darstellung ist festzuhalten, dass das professionelle Handeln sich beiden Urteilsformen, dem der Wahrheit und dem der Angemessenheit gleichsam verpflichtet fühlen muss. Handlungswissen unterliegt dem Angemessenheitskriterium, Wissenschaftswissen dem Wahrheitskriterium (vgl. Dewe u.a. 1992, 84). Sie gehen im Professionswissen auf, das der Wahrheit und der Angemessenheit gleichermaßen Rechnung trägt (Dewe u.a. 1992, 82).

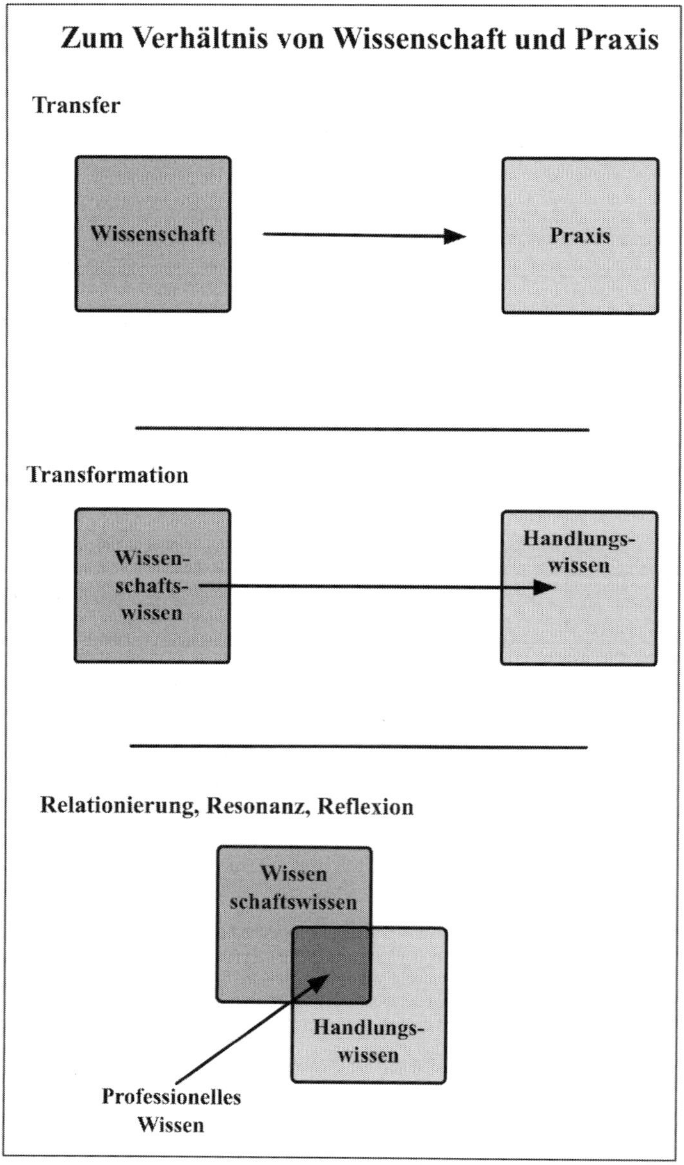

Abb. 1: Verhältnis von Wissenschaft und Praxis. Eigene Veränderungen nach Dewe u.a. 1992, 71ff

Silvia Kade macht deutlich, dass das Wissenschaftswissen ein professionelles Handlungswissen nicht ersetzen kann. Handlungswissen dient als Leitfaden im konkreten Handlungsvollzug, ermöglicht Orientierung in komplexen Situationen und kann, wenn es in Alltagsroutine überführt wird, eine entlastende Funktion ausüben (vgl. Kade 1989, 58).

Aus Sicht der Handlungsforschung hat das wissenschaftliche Wissen lediglich den Charakter von fundierten Vorkenntnissen. Der professionell Handelnde ist prinzipiell auf ein großes Repertoire an Vorkenntnissen angewiesen, doch das Vorwissen allein versetzt ihn noch nicht in die Lage, den beruflichen Alltag erfolgreich zu meistern. Dewe u.a. heben hervor, dass wissenschaftliche Theorien nicht in direkte Handlungsanweisungen umgesetzt werden können. Das Handeln in der Sozialen Arbeit lässt sich nicht auf die schlichte Anwendung von Regeln bzw. Anleitungen reduzieren (vgl. Dewe u.a. 2001, 25).

Abschließend stellt sich die Frage, auf welche Art und Weise Professionswissen angeeignet wird. Dewe und Otto gehen davon aus, dass Professionswissen in der Praxis durch die beruflichen Tätigkeiten in den Handlungsfeldern der Sozialen Arbeit erworben wird. Es besteht jedoch kein Automatismus von der routinisierten Bewältigung des beruflichen Alltags hin zum professionellen Handeln. Nur durch die Reflexion des Handelns – also die nachträgliche Bedeutungszuschreibung und Bewertung von Handlungen – lässt sich ein professioneller Habitus ausbilden. Der professionellen Reflexion der beruflichen Praxis fällt die Aufgabe zu, das „knowing how" in ein „knowing that", also „Wissen" in „Können" umzuwandeln (vgl. Dewe u. Otto 2001, 1419f).

4 Reflexion

4.1 Verhältnis von intuitivem Handeln und Reflexion

Die alltäglichen Handlungsvollzüge in der Sozialen Arbeit sind in der Regel durch intuitives Handeln geprägt. Die komplexen Situationen, in denen die Fachkräfte ihre Handlungsfähigkeit und Handlungsbereitschaft wieder und wieder beweisen müssen, erfordern unmittelbare Reaktionen. Im konkreten Handlungsvollzug ist es nahezu unmöglich, die Situation umfassend und ausgewogen zu durchdenken. Oft fehlen entweder die Zeit oder ausreichende Informationen, um zu einer rationalen Entscheidung oder einem rational begründeten Handeln zu gelangen. Die intuitiven Handlungen erweisen sich allerdings als mal mehr, mal weniger erfolgreich. Der Ärger darüber, in einer bestimmten Situation nicht angemessen reagiert zu haben, wechselt mit dem Erstaunen darüber ab, dass sich eine bestimmte Handlungsweise in einer konkreten Situation als Erfolg erwiesen hat.

Wenn professionelles Handeln nicht von „Versuch und Irrtum" oder vom „Zufall" geprägt sein soll, ist es erforderlich, das Handeln zum Gegenstand von Reflexion zu machen. Reflexion versetzt den professionell Handelnden in die Lage, Situationen zu bewerten. Erfolg oder Misserfolg bzw. Angemessenheit oder Unangemessenheit der eigenen Handlungsweisen müssen durch Reflexion evaluiert werden (vgl. Reiners-Kröncke u. Stübinger 2000, 121).

Gerade in der Fähigkeit zu Reflexivität und Selbstexploration macht Heiner den Unterschied zwischen Fachkräften und Laien aus. Sie ist die Messlatte für professionelles Handeln (vgl. Heiner 2004, 54).

4.2 Reflexion im Kontext der Sozialen Arbeit

Nach Schröder, der den Begriff Reflexion im Kontext der Sozialen Arbeit verwendet, geht eine qualifizierte Reflexion über das bloße Nachdenken hinaus. Im Reflexionsprozess werden konkrete Situationen aus den professionellen Arbeitszusammenhängen rückblickend analysiert. Hierbei handelt es sich um eigene oder um Erlebnisse der Kollegen (vgl. Schröder 2002, 10).

Ausgangspunkt der Reflexion sind in der Regel Situationen, die zu Irritationen geführt haben. Der gewünschte Erfolg einer Intervention stellt sich nicht ein, bestimmte Konflikte treten immer wieder auf oder unvorhergesehene Situationen stören regelmäßig geplante Alltagsroutinen. Bei den Handelnden lösen diese Situationen häufig starke emotionale Reaktionen (Wut, Kränkung, Abwehr, Angst) aus. Je intensiver eine Situation die emotionale Befindlichkeit beeinträchtigt, desto größer ist die Gefahr, dass die Fähigkeit, in einer Situation adäquat und angemessen zu handeln, verloren geht (vgl. Bimschas u. Schröder 2003, 167).

Ziel der Reflexion ist nicht die Erarbeitung konkreter und detaillierter Handlungsanweisungen, wie zukünftige Situationen gemeistert werden können. Reflexion soll den professionell Tätigen Erkenntnisse über das eigene Handeln und eventuell hierdurch ausgelöste dynamische Prozesse erschließen (vgl. Bimschas u. Schröder 2003, 168).

Bärbel Bimschas und Achim Schröder sprechen in diesem Kontext auch von einer „selbstbezüglichen Reflexion". Hierunter verstehen sie Konzepte, die auf „Erkenntnisse im Überschneidungsfeld von Person und Fachlichkeit" (Bimschas u. Schröder 2003, 160) ausgerichtet sind, da der Charakter von pädagogischen Beziehungen entscheidend durch die Faktoren der Fachlichkeit und der Persönlichkeit bestimmt wird. In den Unterstützungsprozess fließen immer die berufsspezifischen Fähigkeiten und Fertigkeiten und die Persönlichkeit der professionellen Fachkraft ein (vgl. Schröder 2002, 11). In der „selbstbezüglichen Reflexion" werden die sachlichen und strukturellen Dimensionen im Zusammenhang mit den emotionalen Anteilen der jeweils handelnden Personen betrachtet. Im Zentrum der Reflexion steht das Bemühen zu ergründen, welche vielschichtigen Prozesse in der spezifischen Situation abgelaufen sind (vgl. Bimschas u. Schröder 2003, 160).

Die Autoren heben hervor, dass Gegenstand der Reflexion vor allem solche Aspekte einer Situation sind, die nicht sofort ins Auge springen bzw. die sich erst in der Auseinandersetzung mit anderen Sichtweisen erschließen lassen (vgl. Bimschas u. Schröder 2003, 160). Außerdem stehen im Reflexionsprozess Erkenntnisse im Zentrum, die den handelnden Personen zumindest partiell unbewusst sind. Diese „blinden Flecken" gilt es durch einen Perspektivwechsel im Dialog zu erschließen (vgl. Bimschas u. Schröder 2003, 161).

4.3 Exzentrischer Standpunkt

Ausgehend von der These, dass niemand in der Lage ist, gleichzeitig zu handeln und sein Handeln zu betrachten, führten Körner und Ludwig-Körner in diesem Kontext den Begriff des „exzentrischen Standpunkts" ein. Dieser ist für sie ein „Ort der Betrachtung jenseits vom Zentrum des Geschehens" (Körner u. Ludwig-Körner 1997, 60 ff).

Voraussetzung für die Reflexion ist nach Körner und Ludwig-Körner ein spürbarer Abstand sowohl von der Situation als auch von den an der Situation beteiligten Personen.

Schröder hebt hervor, dass die Grundvoraussetzung für die Einnahme eines exzentrischen Standpunktes darin liegt, sich nicht mehr in der konkreten Handlungssituation zu befinden. In der Mitte des Geschehens fehlen Zeit und Abstand zum Reflektieren. Die Einnahme einer anderen Perspektive wird zudem durch eine Ortsverlagerung begünstigt (vgl. Schröder 2002, 11f). Ein weiterer Aspekt des Perspektivwechsels liegt in der Möglichkeit, Sichtweisen und Blickwinkel von anderen Personen einholen zu können. Unwesentlich ist, ob sie an der konkreten Situation beteiligt waren oder eine Perspektive von außen einnehmen. Zum anderen geht es um eine multiperspektivische Reflexion der Ereignisse aus der Perspektive der Fachlichkeit, d. h. der unterschiedlichen Theorien und Methoden der Disziplin.

Tim Kunstreich spricht in einem Briefwechsel mit Burkhard Müller und Maja Heiner in diesem Zusammenhang von einem professionellen Kommunikationsraum, in dem mit der Methode der „Kollegialen Beratung" Optionen gewonnen werden, wie zukünftige Handlungssituationen erfolgreich gestaltet werden können. Er hebt jedoch hervor, dass die komplexen Handlungssituationen in der Sozialen Arbeit immer mehrdeutig sind und eine Vielzahl von Handlungsoptionen eröffnen (vgl. Kunstreich u.a. 2003, 17).

Burkhard Müller fasst die vorgenannten Ansätze weiter. In Anlehnung an Körner spricht er von einer exzentrischen Position, deren Zielperspektive darin besteht eine „auch vom Klienten unabhängige Sicht der Handlungschancen" (Kunstreich u.a. 2003, 19) herauszuarbeiten. Er betrachtet diese Vorgehensweise als eine denkbare Möglichkeit, die die Wahrnehmung des Klienten erweitern kann. Er hebt jedoch hervor, dass es nicht in der Intention des professionell Handelnden liegen kann, seine Sicht manipulativ oder gar gewaltsam durchzusetzen. Müller spricht von einer doppelten Validierung des professionellen Handelns: Zum einen geht es um die Selbstvergewisserung des professionell Handelnden. Hier stehen die fachliche Begründung und Rechtfertigung des Handelns im professionellen Setting bzw. im professionellen Kommunikationsraum im Zentrum. Zum anderen hebt er hervor, dass der Klient selbst die geplante Intervention validiert, indem er die Handlungsvorschläge aufgreift oder verwirft. Der Kern der exzentrischen Position liegt für Müller nicht in der Suche nach dem folgerichtigen Handlungsschritt, sondern in der Formulierung eines Begründungszusammenhangs. Hierunter versteht er ein Referenzsystem für die Beurteilung der nächsten Handlungsschritte (vgl. Kunstreich u.a. 2003, 19f).

Müller betont die Ungewissheit des jeweils nächsten Handlungsschritts. Dieser erhält seine Legitimation immer erst in der Annahme durch den Klienten. Erst wenn dieser sich auf die Intervention durch aktive Mitarbeit bzw. durch aktives Handeln einlässt, wird sie nachträglich für gültig erklärt oder, in Müllers Worten, validiert (vgl. Kunstreich u.a. 2003, 19).

Auch Maja Heiner hebt die Bedeutung von „Settings" hervor, die eine institutionalisierte Reflexionskultur in der Sozialen Arbeit stärker in den Fokus des professionellen Selbstverständnisses rücken. Kritisch stellt sie fest, dass es der Aus- und Fortbildung bisher nicht gelungen ist, eine fundierte reflexive Kompetenz als Bestandteil professionellen Handelns zu implementieren. Noch immer besteht in der Praxis die Tendenz, komplexe Situationen bzw. Fälle zu vereinseitigen, sie nicht multidimensional zu betrachten bzw. sie nicht gegenstandsadäquat zu bearbeiten. Es mangelt an der Fähigkeit zu einer empirisch begründeten Deutung (vgl. Kunstreich u.a. 2003, 24). Einig sind sich Kunstreich, Müller und Heiner in ihrer Kritik eines Deutungsmonopols durch die Fachkräfte, in welchem die Sichtweisen der KlientInnen keinerlei Berücksichtigung finden.

4.4 Reflexion der persönlichen Faktoren im Unterstützungsprozess

Wichtiger Bestandteil der Reflexion ist neben dem theoretischen Kontext die Auseinandersetzung mit der jeweiligen persönlichen Befindlichkeit der Akteure. Die lebensgeschichtlich angeeigneten Norm- und

Wertvorstellungen und verfestigte Verhaltensmuster prägen in konkreten Situationen den Handlungsrahmen. Auch die sozialen Beziehungen im Berufsalltag werden von der persönlichen Vorgeschichte der Akteure beeinflusst. Werden sich die Interaktionspartner dieses Umstandes bewusst und reflektieren sie ihre Positionen kritisch, können Arbeitsbeziehungen professioneller gestaltet werden (vgl. Schröder 2002, 11).

Hiltrud von Spiegel spricht in diesem Zusammenhang von dem „Willen und der Fähigkeit zur biografischen Selbstreflexion" (Spiegel 2004, 109). Sie geht von der These aus, dass eine wechselseitige Beziehung zwischen der beruflichen Haltung und dem professionellen Handeln besteht. Die in der Haltung manifestierten und im Lebenslauf internalisierten Norm- und Wertvorstellungen lassen sich nur durch gezielte Reflexion in professionellen Settings (Supervision, Kollegiale Beratung etc.) entschlüsseln. Diese reflexive Arbeit bildet die Grundlage für eine reflektierte berufliche Haltung. Spiegel arbeitet in diesem Kontext vier Bereiche heraus, die für die berufliche Haltung konstituierend sind:

- *Reflexion individueller Berufswahlmotive*
  Eine unreflektierte Motivation der Berufswahl kann sowohl die Auswahl eines Arbeitsfeldes, einer Zielgruppe als auch die Handlungsfähigkeit in bestimmten Situationen beeinflussen. Durch eine gezielte Bearbeitung der Berufswahlmotive können Fehlentwicklungen bearbeitet, kontrolliert bzw. partiell neutralisiert werden (vgl. Spiegel 2004, 109).
- *Reflexion individueller Wertestandards*
  Die eigenen Vorstellungen von einem gelingenden Leben (vgl. Thiersch 2003, 29ff) sind häufig unterschwellig handlungsleitend. Die eigenen Wertmaßstäbe dürfen daher nicht ausschließlich zur Bewertung der Lebenssituation der Klienten herangezogen werden. Oft sind abweichende und prekäre Lebenssituationen zu tolerieren, ohne den pädagogischen Handlungsauftrag zu negieren (vgl. Spiegel 2004, 109).
- *Reflexion der Zuschreibung von Schuld und Verantwortung*
  Individuelle Probleme resultieren in der Regel aus gesellschaftlichen Problemlagen. In sozialarbeiterischen Handlungssituati-

onen ist es daher erforderlich, die eigene Wahrnehmung über die Ursachen der Probleme zu hinterfragen, um vorschnelle Schuldzuweisungen auszuschließen (vgl. Spiegel 2004, 110).

- *Einübung professioneller Distanz*
Soziale Arbeit ist Beziehungsarbeit. Wie in jeder Arbeit mit Menschen ist das Gegenüber mal mehr, mal weniger sympathisch. Auch sind die persönlichen Beziehungen von Gefühlen (manchmal auch von unbewussten Übertragungen) geprägt. Die professionell Handelnden müssen diese Emotionen reflektieren, um sie gegebenenfalls im Unterstützungsprozess thematisieren zu können oder müssen in besonders schwierigen Situationen einen Kollegen mit der weiteren Bearbeitung des Falles betrauen (vgl. Spiegel 2004, 110).

Werner Thole und Peter Cloos zeigen auf, dass die Ausbildung reflexiver Kompetenz auch zu einer realistischen Einschätzung der Möglichkeiten und Grenzen des professionellen Handelns in der Sozialen Arbeit führt. Durch die reflexive Auseinandersetzung mit dem beruflichen Alltag erschließt sich den professionell Handelnden die Erkenntnis, dass ihr auf Beratung, Unterstützung und Bildung ausgerichtetes Handeln gelingen, aber auch scheitern kann (vgl. Thole u. Cloos 2000, 288f).

4.5 Reflexion von Machtverhältnissen in der Beziehung zwischen dem professionell Handelnden und dem Klienten

Für Müller erfüllt die Reflexion in der Sozialen Arbeit eine weitere wichtige Aufgabe. Nur durch eine reflexive Professionalität kann die Möglichkeit zum Missbrauch von Macht in der Beziehung zwischen dem professionell Handelnden und dem Klienten verhindert werden.

Die generelle Anfälligkeit für eine Pervertierung der Dienstleistung in totale Herrschaft innerhalb der Sozialen Arbeit leitet Müller aus einer Analyse von Goffmans Studien her. Dieser hat in seinem Aufsatz „Das ärztliche Berufsmodell und die psychiatrische Hospitalisierung“ (Goffman 1973) auf die drohende Gefahr bei der Dienstleistungserbringung durch Experten hingewiesen (vgl. Goffman 1973, 350ff). Die Gefahr der Pervertierung der Dienstleistung in totale Herrschaft ist für Goffman dann gegeben, wenn die Klienten als Verhandlungspartner entmündigt werden und/oder wenn den Klienten mittels offenem oder verdecktem Zwang die Einwilligung zur Entmündigung abgenötigt wird. Letzteres fasst Goffman als Definitionsmacht der Institution zusammen. Zwei Maximen dienen nach Goffman dazu, dieses Herrschaftsverhältnis als Dienstleistung zu legitimieren:

1. *Das Beschützerprinzip:*
   Hier wird unterstellt, dass der Klient selbst nicht in der Lage ist, die für den Heilungsprozess notwendigen Maßnahmen in die Wege zu leiten. Dieses Prinzip folgt der Hypothese, dass der Klient „Wäre er, er selbst“ in die Behandlung einwilligen würde (vgl. Goffman 1973, 356f).
2. *Das Gefahren-Mandat:*
   Hier wird davon ausgegangen, dass nur der Experte einschätzen kann, welches das Mittel der Wahl bei der Behandlung ist. Falsche Maßnahmen müssen abgewehrt, die Behandlung durch einen professionell handelnden Experten gesichert werden (vgl. Goffman 1973, 356f).

Goffman geht es in seiner Analyse nicht um das Aufdecken von persönlichem Fehlverhalten der Experten. Er will primär auf ein Strukturproblem der personenbezogenen Dienstleistungen im sozialen Bereich aufmerksam machen. Er will den latenten Mechanismus aufzeigen, der „unbeabsichtigt aber defacto“ (Goffman 1973, 361) die Perversion der Dienstleistung ermöglicht (vgl. Müller 1991, 48).

Die Analyse Goffmans, die die Mutation des Dienstleistungskomplexes in einen Unterdrückungskomplex beschreibt, zeigt für Müller nicht nur den Mechanismus von struktureller gesellschaftlicher Gewalt auf. Sie offenbart auch die Unfähigkeit der Ärzte, die alltäglich auftretenden Probleme in der psychiatrischen Arzt-Patient-Beziehung ohne die Anwendung von Gewalt und Zwangsmaßnahmen zu bewältigen. Müller geht von der These aus, dass die alltagsorientierten Handlungsentwürfe der Sozialen Arbeit eine hohe Anfälligkeit für die von Goffman herausgearbeiteten Gefahren haben (vgl. Müller 1991, 49).

Gegenstand der Sozialen Arbeit sind die im alltäglichen Leben verwurzelten Problemlagen der Klienten. In einer Gesellschaft, in der eine zunehmende Pluralisierung und Individualisierung der Lebensverhältnisse Raum greift, sehen sich einzelne Menschen nicht mehr in der Lage, den Alltag ohne Unterstützungsleistungen zu bewältigen. Die Kernaufgabe der Sozialen Arbeit kann daher zunehmend als lebensweltorientierte Unterstützung bei der Bewältigung von Problemen gefasst werden (vgl. Thiersch 2003, 245).

In diesem Ansatz macht Müller ein hohes Gefahrenpotential aus. Wird das alltägliche Leben der Klienten und deren subjektive Sinngebung und Interpretation zum Gegenstand des professionellen Handelns, ist der im Modell der Dienstleistung angelegte Schutz vor einem Machtmissbrauch der Experten nicht mehr gegeben. Der Klient wird in der Folge nicht als eigenständiges Subjekt in der Dienstleistungsbeziehung wahrgenommen, sondern zum Objekt der Dienstleistung degradiert (vgl. Müller 1991, 52).

Um dieser Gefahr zu begegnen, plädiert Müller für eine Abstinenzregel. Es gilt gezielt einen Standpunkt einzunehmen, der einen Verzicht auf bewusste oder unbewusste Manipulation ermöglicht (vgl. Müller 1991, 72).

Diese analytische Grundregel des professionellen Handelns richtet sich gegen unreflektierte Interventionsformen der Sozialen Arbeit. Vorschnell geht der unprofessionell Handelnde davon aus, dass er „weiß, was für den Klienten gut ist" oder greift bewusst oder unbewusst zu Mitteln und Tricks der Manipulation. Der Klient macht schließlich das, was – aus Sicht des „Professionellen" – im Interesse des Klienten liegt. Thea Bauriedl verweist auf die Verpflichtung des professionell Handelnden sowohl für sich selbst als auch für die Gestaltung seiner sozialen Beziehungen Verantwortung zu übernehmen (vgl. Bauriedl 1980, 138ff.). Zu Beginn der Beziehung zwischen dem professionell Handelnden und dem Klienten treffen beide mit wechselseitig ungeklärten Erwartungen aufeinander. Bauriedl spricht hier von „der Falle der Nichtbeziehung" (Bauriedl 1980, 138), welche die Gefahr birgt, dass sich das Verhältnis zu Lasten des Klienten manipulativ gestaltet. Einen Ausweg aus dieser Situation bietet ausschließlich die bewusste Aufnahme der Beziehung, das bedeutet „Individuation und Zulassen der Beziehungsspannung" (Bauriedl 1980, 43, vgl. 106 ff).

Der Beziehungsaufnahme zwischen dem professionell Handelnden und dem Klienten kommt eine Schlüsselstellung zu. Müller führt in diesem Zusammenhang in der Sozialen Arbeit das Konzept „Arbeitsbündnis“ ein. Dieses Konzept stellt für ihn ein Interpretationsraster dar, das der professionell Handelnde nutzt, um mit seinen Klienten gemeinsam eine Arbeitsaufgabe zu formulieren. Notwendig ist, dass die Interaktionspartner ihre jeweilige Definition der Situation und die Bestimmung des Gegenstands der Interaktion in eine gemeinsam erarbeitete, klar formulierte und konkret umsetzbare Arbeitsaufgabe übertragen (vgl. Müller 1991, 97).

Dem Konzept liegt der Anspruch zugrunde, die Bedingungen für ein Arbeitsbündnis zu reflektieren. Diese Bedingungen setzen eine im Konsens erzielte Vereinbarung des professionell Handelnden und des Klienten voraus, welche sich auf eine gemeinsame Aufgabe bezieht. Das Konzept betont die aktive Rolle des Klienten. Der Klient trägt nicht nur Mitverantwortung für die Aufnahme, sondern auch für die weitere Gestaltung des Arbeitsbündnisses (vgl. Müller 1991, 97 f).

In diesem Sinn ist das Konzept „Arbeitsbündnis“ eine ethische Strategie der professionellen Sozialen Arbeit, die sich folgender Leitidee verpflichtet fühlt: Es ist die fachliche Aufgabe der professionell Handelnden, Bedingungen für eine auf Konsens zielende Kommunikation mit Klienten herzustellen. Ist dies kurzfristig noch nicht möglich, bedarf es hierfür langfristiger Strategien. Müller betont, dass es hierbei nicht darum geht, sich der Illusion hinzugeben, mit der Anwendung der Regeln könne ein herrschaftsfreier Diskurs herbeigeführt werden (vgl. Müller 1991, 105). Die Aufgabe des professionell Handelnden besteht aber darin, die vorhandenen Bedingungen für die Realisierung des Ideals herrschaftsfreier Kommunikation im Blick zu behalten. Die Prämisse des Handelns soll also darin bestehen, alle Möglichkeiten zum Erreichen des Ideals bewusst wahrzunehmen, aufzugreifen und in methodisches Handeln zu überführen (vgl. Müller 1991, 105). Müller beschreibt fünf Ebenen des Konzepts „Arbeitsbündnis“, die folgende Funktionen erfüllen (vgl. Müller 1991, 106):

1. *Instrument zur Effektivierung der Intervention*
   Durch die bewusste Einbeziehung des Klienten, der eigene Beiträge leistet, wird die Wirkung der Intervention optimiert. Hiermit ist jedoch nicht automatisch auch die Reduktion der einseitigen Definitionsmacht des Experten verbunden.

2. *Anerkennung und Thematisierung der Rechte des Klienten*
   Damit der Klient sich gegen bewusste oder unbewusste Übergriffe durch den professionell Handelnden schützen kann, soll ein Verfahren vereinbart werden, das ihn in die Lage versetzt, seine Rechte zu thematisieren und ggf. durchzusetzen.
3. *Klärung von Gegenstand und Grenzen der Intervention*
   Der Klient soll in die Lage versetzt werden, über die Bearbeitung seines Problems selbst zu bestimmen. Dies bedeutet zum einen, dass der Gegenstand bzw. Bereich der Intervention, zum anderen dass Bereiche der Nicht-Intervention von den Klienten definiert werden.
4. *Reflektierte Selbstbestimmung der Intervention*
   Die professionell Handelnden haben die Aufgabe, moralische Strategien zu entwickeln, die die Autonomiespielräume der Klienten stärken. Die Anwendung von Zwang führt zur Zerstörung der Handlungsfähigkeit der Klienten. Aus diesem Grund ist in der Reflexion zu thematisieren, ob ein Verzicht auf Intervention gerechtfertigt ist.
5. *Berücksichtigung des Umfelds der Profi-Klientbeziehung*
   Professionelle Arbeitsbündnisse sind eingebettet in die Infrastruktur des Sozialraums. Mögliche andere Akteure, z.B. Selbsthilfe-Initiativen oder andere professionelle Einrichtungen sollen in die Planung und Gestaltung von Interventionen einbezogen werden.

4.6 Reflexive Professionalität

Ein Merkmal für eine besondere Reflexionsfähigkeit oder Professionalität von Fachkräften liegt in der Fähigkeit, sowohl bei der Erörterung von grundsätzlichen Fragen als auch bei Situationsschilderungen einen Bezug zu allgemeinen Prinzipien herstellen bzw. verallgemeinerte Schlussfolgerungen ziehen zu können (vgl. Heiner 2004, 52).

Einen weiteren Maßstab für die Beurteilung von reflexiver Professionalität macht Heiner in der Fähigkeit aus, die eigenen Einstellungen, d.h. das Selbstbild und das Professionsverständnis als Hintergrundfolie für das eigene Handeln zu begreifen. Für wichtig erachtet sie, dass dies nicht nur als intuitiver Prozess abläuft, sondern auch von dem professionell Handelnden verbalisiert und kommuniziert werden kann. Dies sei, so Heiner, ein Beleg für ausgewiesene konzeptionelle und reflexive Kompetenz (vgl. Heiner 2004, 54).

Für das methodengeleitete Handeln bildet die reflexive Kompetenz die Grundlage. Bestimmte methodische Prinzipien lassen sich nur umsetzen, wenn genau reflektiert wird, wann eine Unterstützungsleistung in Bevormundung umschlägt oder die Selbsthilfefähigkeit negiert wird (vgl. Heiner 2004, 43).

Die Fähigkeit zur Interpretation und Deutung eines Falles oder einer Situation im Kontext verschiedener mitunter auch gegensätzlicher oder gar widersprüchlicher sozialwissenschaftlicher Theorien ist für Hiltrud von Spiegel ein Ausweis professionellen Handelns. Sie betont, dass das in Bezug setzen zur Theorie als ein „Akt der Urteilskraft" zu fassen ist. Dieser entzieht sich der theoretischen Vermittlung und kann nur in der Praxis angeeignet werden (Spiegel 2004, 66).

Reflexive Professionalität unterliegt wie die Wissenschaft einem gesteigerten Begründungszwang. Von wissenschaftlich ausgebildeten Fachkräften kann erwartet und gefordert werden, dass sie sowohl ihre Deutungen als auch ihr Handeln im Rückblick theoriegeleitet begründen und reflektieren können. Hierfür ist ein breites Spektrum theoretischen Grundwissens erforderlich. Spiegel weist aber darauf hin, dass diese Verwendung von Wissen nicht mit dem Konstrukt des „handlungsleitenden" Wissens gleichzusetzen ist (vgl. Spiegel 2004, 78).

Gildemeister spricht von einem reflektierten Praktiker, der eine doppelte Orientierung besitzt. Den einen Orientierungsrahmen bildet das angeeignete generalisierte wissenschaftliche Wissen. Der andere Rahmen wird durch fallspezifische Bedingungen konstituiert. Diese Bedingungen können in der Regel nicht in Bezug zu einer bestimmten wissenschaftlichen Theorie gesetzt werden. Die Handlungsmöglichkeiten in der Sozialen Arbeit sind immer mehrdeutig und interessengeleitet. Darüber hinaus werden sie häufig von den unterschiedlichen Akteuren kontrovers beurteilt (vgl. Gildemeister 1992, 213f). Heiner hat eine Negativ-Liste vorgelegt, anhand derer sich ein „Mangel an Reflexivität" ausmachen lässt:

- Bei der Einschätzung von Personen, Problemen, möglichen Entwicklungen und Interventionen wird durch den professionell

Handelnden in einem bestimmten Zeitrahmen (z.B. Dauer eines Interviews) keine alternative Perspektive eingenommen.

- Der professionell Handelnde lässt keinerlei Selbstzweifel an seiner Einschätzung der Problemlage und des eigenen Handelns erkennen.
- Die regelmäßige Überprüfung eines Falles unterbleibt, auch wenn von auftretenden Krisen berichtet wird. Es wird nicht nach neuen Informationen gesucht, um diesen Schwierigkeiten zu begegnen.
- Die Fallentwicklung wird nur unter zur Hilfenahme eigener Aufzeichnungen rekapituliert. Der Fall und die eigenen Einschätzungen werden nicht in die kollektive Beratung oder die Supervision eingebracht.
- Bei der Fallanalyse und -beschreibung wird nicht auf grundlegende, zum Verständnis des Falles notwendige wissenschaftliche Theorien zurückgegriffen. Theorien werden negiert oder falsch angewendet (vgl. Heiner 2004, 45).

Zusammenfassend stellt Heiner fest, dass von fehlender (Selbst-) Reflexivität immer dann ausgegangen werden kann, wenn sich die Darstellung und Beurteilung der Beziehungsebene zum Klienten ausschließlich auf Ziele, Aufgaben und Aktivitäten beschränkt. Das Gegenüber wird folglich nicht ganzheitlich als Subjekt mit einem eigenen Erlebnis- und Erfahrungshorizont jenseits des aufgabenbezogenen Handlungsrahmens wahrgenommen (vgl. Heiner 2004, 45).

5 Empirische Studie

5.1 Entwicklung der Fragestellung

Zum professionellen Handeln gehören die Annahme, Entwicklung und Reflexion beruflicher Identität als Diplom-SozialarbeiterInnen/ SozialpädagogInnen. Dazu zählt die Einarbeitung in die berufliche Praxis und deren wissenschaftliche Reflexion. Die bisherigen Ausführungen zeigen, dass Reflexion eine Schlüsselkategorie professionellen Handelns ist. Zentrale Bezugspunkte für die reflexive Auseinandersetzung sind:

1. Der Einfluss von persönlichen Faktoren in der professionellen Beziehung.
2. Das Einnehmen einer multiperspektivischen Sicht und vernetzendes Denken und Handeln.
3. Die Verortung in den ethischen Standards der Sozialen Arbeit.
4. Die Auseinandersetzung mit Machtfaktoren.

Diese Bereiche sollen in Zusammenarbeit mit der Praxis in den berufspraktischen Phasen des Studiums vermittelt werden. Für Schulze-Krüdener und Homfeld ist die „theoriegeleitete Reflexion" der Erfahrungen aus den Praktika der Schlüssel zum Verständnis des professionellen Handelns und Lernens (vgl. Schulze-Krüdener u. Homfeld 2002, 116).

Zu 1. Einfluss von persönlichen Faktoren in der professionellen Beziehung

Soziale Arbeit ist Beziehungsarbeit. In diese ist der professionell Handelnde mit seiner ganzen Person involviert. Die in der Sozialisation angeeigneten Norm- und Wertvorstellungen bilden die Hintergrundfolie für das Handeln. Diese aus der eigenen Biografie heraus entwickelten Handlungsmuster und Lebensentwürfe sind jedoch nur bedingt als Orientierungsrahmen für den Klienten geeignet. Aus diesem Grund sind in „Koproduktion" mit dem Klienten Lösungsstrategien und Handlungsschritte zu entwickeln. Ohne Klärung bzw. Bewusstmachung der eigenen Vorstellungen können diese handlungsleitend werden. Der Klient soll dann so leben, handeln etc., wie es der Professionelle für richtig erachtet. Seine eigenen Handlungsmöglichkeiten, -vorstellungen und -wünsche werden außer Acht gelassen.

Zu 2. Einnehmen einer multiperspektivischen Sicht und vernetzendes Denken und Handeln
Jeder Mensch handelt primär auf der Grundlage seiner bisher gemachten Erfahrungen. Der Alltag wird mit den erprobten Handlungsmustern bewältigt. Ähnliches gilt auch für das Handeln im professionellen Setting. Aber soziale Probleme sind vielschichtig und enthalten immer mehrere Handlungsmöglichkeiten. Grundvoraussetzung für ein zielgerichtetes professionelles Handeln ist die Erfassung dieser Komplexität. Die Wahrnehmung und Erklärung einer Situation / eines Falles sowie die Auswahl der Handlungsschritte erfolgen zunächst auf der Basis von individuell gebildeten oder fachlich angeeigneten Kategorien. In der Regel bilden diese Kategorien unbewusst die Grundlage für das Handeln. Professionelles Handeln erfordert eine Erschließung dieser unbewussten „Kategorien der Wirklichkeitserfassung" (Staub-Bernasconi) sowie eine Erweiterung dieser einseitigen und unsystematischen Sichtweise. Hierfür ist vernetzte Analyse in einem professionellen Kommunikationsraum erforderlich.

Zu 3. Verortung in den ethischen Standards der Sozialen Arbeit
Die professionell Handelnden tragen eine ethische Verantwortung für ihr Handeln. Sie sind dabei dem Klienten, der Gesellschaft, den Kollegen und der Einrichtung gleichermaßen verpflichtet. In diesem komplexen Spannungsfeld zwischen den Akteuren muss sich der professionell Handelnde immer wieder neu verorten. Die ethischen Standards des Berufes bilden hierfür einen Orientierungsrahmen und Bezugspunkte. Die eigenen Wertmaßstäbe und Grenzen des Handelns bedürfen der regelmäßigen Selbstvergewisserung und Überprüfung.

Zu 4. Auseinandersetzung mit Machtfaktoren
Soziale Arbeit hat eine gesellschaftliche Normierungs- und Normalisierungsaufgabe. In diesem Sinne ist sie immer auch Kontrollinstanz. Bestimmte Arbeitsfelder sind durch diese Kontrollfunktionen besonders geprägt, in anderen sind sie verborgener, aber vor-

handen. Das Ausüben von Kontrolle ist immer verbunden mit der Möglichkeit der Machtausübung. Der professionell Handelnde muss sich seiner Machtfunktion bewusst sein. Neben den harten Kontrollfunktionen besteht die Gefahr, Macht im Rahmen von „guten Absichten" zu missbrauchen. Zu „wissen, was für den Klienten gut ist" und dies zur Handlungsmaxime zu erheben, ohne sich in Aushandlungsprozesse zu begeben, ist Anwendung von Macht im Sinne von Definitionsmacht. Diese führt ebenfalls zu einer Entmündigung des Klienten.

Profession und Disziplin tragen für die Ausbildung eine gemeinsame Verantwortung. Die Profession übernimmt bei der Vermittlung der Fähigkeiten und Fertigkeiten während der berufspraktischen Phasen eine wesentliche Funktion in der Gesamtausbildung. Allein ist die Fachhochschule nicht in der Lage, diese Aufgabe umfassend zu erfüllen. Der Fähigkeit zu einer reflexiven Berufsausbildung wird eine hohe Bedeutung beigemessen. Die Hochschulen bleiben bei der Vermittlung und Aneignung dieser Fähigkeit aber hinter den Erfordernissen der Praxis zurück.

Die leitenden Forschungsfragen der Studie wurden durch den aktuellen Diskurs zum Thema „Reflexive Professionalität in der Sozialen Arbeit" aufgeworfen. Die im Zusammenhang mit der Begleitung der berufspraktischen Studieneinheiten an der HAWK Hildesheim/Holzminden/Göttingen gesammelten Eindrücke bestätigen auf den ersten Blick die Hauptthesen der Diskussion. Trotz einer immer stärkeren Ausrichtung der Lehre auf Reflexion und Reflexionsmethoden weisen die im Verlauf des Studiums vorzulegenden Leistungsnachweise große Unterschiede im Umgang mit der geforderten Größe auf. Die Bandbreite reicht dabei von der bloßen Schilderung der persönlichen Befindlichkeit bis hin zu einer vertieften Auseinandersetzung mit dem eigenen professionellen Handeln sowie der eigenen Berufsrolle.

Anhand der vorliegenden Studie soll untersucht werden, auf welchem Niveau die Studierenden ihr Handeln reflektieren. Gelingt es den Studierenden, das eigene Handeln im Sinne einer reflexiven Professionalität zu hinterfragen? Welche Themen bzw. Fragestellungen werden von den Studierenden bei der reflexiven Auseinandersetzung in den Vordergrund gerückt? Weiter soll der Frage nachgegangen werden, ob sich das Reflexionsvermögen im Studienverlauf ändert, und es soll geprüft werden, welche Auswirkungen vor dem Studium erworbene Qualifikationen (Ausbildungen oder Vorerfahrungen im sozialen Bereich) auf das Reflexionsvermögen haben.

5.2 Ausgangspunkt der Studie

Die oben genannten Thesen werden anhand der im Verlauf des Studiums zu erstellenden Praktikumsberichte überprüft. Praktikumsberichte haben im Studium der Sozialen Arbeit einen hohen Stellenwert. Die Studierenden sollen sich im Praktikumsbericht mit ihren Erfahrungen aus den berufspraktischen Einheiten auseinandersetzen und diese reflektieren. Die Diplomprüfungsordnung der HAWK führt dazu aus:

> „Ein Praktikumsbericht soll erkennen lassen, dass die Studierenden nach didaktisch/methodischer Anleitung Studium und Praxis verbinden können und soll dazu beitragen, die Erfahrungen in den praktischen Studieneinheiten für den Lehrbetrieb nutzbar zu machen. Er umfasst insbesondere:
>
> 1. die Auswertung der einschlägigen vorbereitenden Literatur,
> 2. eine Beschreibung der Stelle, bei der das Praktikum absolviert wurde sowie
> 3. eine Reflexion der im Praktikum erfahrenen Berufspraxis und damit verbundener Problemstellungen.“ (HAWK 2003, DPO §31 Abs. 8)

Im Studienverlauf des Diplom-Studiengangs werden drei Praxisphasen gefordert. Jeweils im Anschluss an das Praktikum ist ein Bericht zu verfassen. Die berufspraktischen Einheiten werden durch spezielle Vor- und Nachbereitungsseminare begleitet.

Die Praktikumsberichte sind Bestandteil der Diplomprüfung und werden benotet. Sie sind als wissenschaftliche Arbeiten verfasst, d. h. sie müssen sich am Anspruch korrekten wissenschaftlichen Arbeitens messen lassen. Darüber hinaus müssen in den Berichten die oben genannten inhaltlichen Aspekte (Institutionsbeschreibung, Verarbeitung vorbereitender Literatur und Reflexion) bearbeitet werden.

Folgende wesentliche Aspekte von Professionalität lassen sich anhand der Praktikumsberichte rekonstruieren: die Einstellung der Studierenden (z.B. ihr Selbstbild und ihr Professionsverständnis), die Fähigkeit, das eigene Handeln zu reflektieren sowie die gewonnenen Erfahrungen zu kommunizieren (vgl. Heiner 2004, 54).

5.3 Untersuchungsgegenstand

Der Studie liegen Praktikumsberichte aus dem Grundstudium (in der Regel 2.-3. Fachsemester), dem Hauptstudium (4.-5. Fachsemester) und dem Berufspraktikum (7.-8. Fachsemester) zugrunde.

Die Teilnahme am Forschungsprojekt war freiwillig, d.h. es wurden nur Arbeiten aufgenommen, die zur Auswertung zur Verfügung gestellt wurden. Insgesamt wurden 33 Berichte untersucht, davon jeweils 11 aus einer Studienphase (Grundstudium, Hauptstudium, Berufspraktikum). Bei der Auswahl wurde das Geschlechterverhältnis des Studiengangs berücksichtigt. Insgesamt haben 28 Studentinnen und 5 Studenten an der Studie teilgenommen. Mittels eines Fragebogens wurden etwaige Vorausbildungen wie zum Beispiel eine ErzieherInnenausbildung, eine Ausbildung zur SozialassistentIn oder HeilerziehungspflegerIn bzw. etwaige Erfahrungen im sozialen Bereich (Freiwilliges Soziales Jahr, Zivildienst und/oder langjährige ehrenamtliche Tätigkeit) erhoben.

Die Berichte liegen in elektronischer Fassung vor. Sie wurden für die computergestützte Analyse nach Maxqda 2 (Kuckartz 2007) aufbereitet.

5.4 Analyseverfahren

5.4.1 Qualitative Inhaltsanalyse

Der qualitative Forschungsansatz ist darauf ausgerichtet, bei einer relativ geringen Anzahl von Fällen Hypothesen aus dem Material heraus zu entwickeln (vgl. Mayring 2003, 20). Praktikumsberichte bieten sich für eine qualitative Auswertung an. Sie sind in einem bestimmten Kontext (Studium) und nach bestimmten Vorgaben (Studienordnung) verfasst. Sie haben die im Rahmen eines Praktikums gemachten Erfahrungen aus den Handlungsfeldern der Sozialen Arbeit zum Gegenstand. Die Analyse der Praktikumsberichte soll Aufschluss geben über die Fähigkeit der Studierenden, sich mit praxisrelevanten Themen reflektierend auseinanderzusetzen. Sie folgt damit dem Grundsatz des inhaltsanalytischen Kommunikationsmodells, das den Verfasser, nicht das Textmaterial zum Ziel der Untersuchung erklärt (vgl. Mayring 2003, 51).

5.4.2 Strukturierende Inhaltsanalyse

Aufgabe der strukturierenden Inhaltsanalyse ist es, gemeinsame Strukturmerkmale (Themen, Aspekte) aus den vorliegenden Texten herauszufiltern (vgl. Mayring 2003, 89). Dies geschieht auf der Grundlage eines Kategoriensystems. Textabschnitte, die einer betreffenden Kategorie, einem Code zugeordnet werden können, werden dem Material systematisch entnommen (vgl. Mayring 2003, 82f). Ziel des Kategorisierens ist es, mit Fortschreiten der Analyse Merkmalskombinationen zu bilden. Diese Merkmalskombinationen oder Typen haben eine heuristische Funktion. Sie sollen inhaltliche Zusammenhänge zwischen den einzelnen Codes und der gewählten Fragestellung aufzeigen.

Die strukturierende Inhaltsanalyse geht deduktiv vor. Vorannahmen bestimmen die Auswahl von Kategorien. Diese sind als vorläufig anzusehen (vgl. Mayring 2003, 13). Die Vorannahmen sind geprägt durch eine Erwartungshaltung, die sich auf bestimmte Merkmale der Praktikumsberichte beziehen. Die Praktikumsberichte werden an Normen gemessen, die im Studium vermittelt wurden bzw. vermittelt werden sollen.

Wie Susann Kluge aufzeigt, liegen der Analyse des Forschungsmaterials meist sowohl deduktive als auch induktive Anteile zugrunde (vgl. Kluge 1999, 77). Die Kategorienbildung wird zunächst von theoretischen Vorannahmen angeleitet. Mit Fortschreiten der Analyse wird das Kategorienschema aufgrund der Erkenntnisse, die das empirische Material liefert, modifiziert. Kluge spricht in Anlehnung an Charles Sanders Peirce (vgl. Kluge 1999, 77) von einer abduktiven Methode, bei der sich induktive und deduktive Verfahren wechselseitig ergänzen (vgl. Kluge 1999, 84).

5.4.3 Stufenmodell empirisch begründeter Typenbildung

Die Auswertung der Praktikumsberichte erfolgt nach der Methode des „Stufenmodells empirisch begründeter Typenbildung“ von Susann Kluge. Es bietet sich für die Analyse des Materials an, da mit dieser Methode einer der wenigen Ansätze der systematischen Generierung von Typen vorgelegt wurde. Außerdem zeichnet sich das Stufenmodell durch eine große Offenheit und Flexibilität aus, denn jede Stufe lässt unterschiedliche Auswertungsmethoden und -techniken zu (vgl. Kluge 2000, 20). Ziel der Bildung von Typen ist das Aufdecken inhaltlicher Sinnzusammenhänge.

Ein Typ wird konstruiert, in dem verschiedene in der Realität auffindbare Merkmale miteinander kombiniert werden. Die Auswahl der Merkmale wird von den Forschungsfragen bestimmt (vgl. Kluge 1999, 267). Aufgrund der unterschiedlichen Ausprägung der Merkmale (mehr/weniger, ja/nein) wird eine Typologie entwickelt, welche die verschiedenen Typen als Untergruppen enthält. Der Typologie liegt demzufolge ein „Merkmalsraum" zugrunde, der durch die Variation der Merkmale bzw. ihrer Ausprägungen aufgefächert wird (vgl. Kluge 1999, 258). Die Typenbildung erfolgt in vier Auswertungsstufen (vgl. Kluge 1999, 257ff):

1. *Erarbeitung relevanter Vergleichsdimensionen*

Bei diesem ersten Analyseschritt geht es um die Herausarbeitung relevanter Merkmale bzw. Vergleichsdimensionen. Mit diesen sollen Ähnlichkeiten oder Unterschiede zwischen den Elementen der Untersuchung fassbar gemacht werden. Es werden Dimensionen herausgearbeitet, bei denen entweder die Elemente eines Typus nur geringfügig differieren (interne Homogenität) oder die Elemente verschiedener Typen größtmöglich differieren (externe Homogenität). Ziel ist es, im Verlauf der Auswertung durch die Komprimierung der Merkmale zu einer begrenzten Anzahl von Kategorien oder Vergleichsdimensionen zu gelangen (vgl. Kluge 1999, 264f).

2. *Gruppierung der Fälle und Analyse der empirischen Regelmäßigkeiten*

Sind die Vergleichsdimensionen erarbeitet, werden die analysierten Texte anhand der ausgearbeiteten Merkmale zu Gruppen zusammengefasst. Für die vorliegende Studie bot sich das agglomerative Verfahren an. Dieses Verfahren geht von den einzelnen Texten aus. Es wird zunächst analysiert, welche Texte die stärksten Gemeinsamkeiten aufweisen. In nachfolgenden Schritten werden die Texte dann in den bereits zusammengefassten Gruppen erneut auf weitere gemeinsame Merkmale hin untersucht und zu neuen Untergruppen zusammengefasst (vgl. Kluge 1999, 270f). In Anlehnung an Barton (1955) und Lazarsfeld (1937) spricht Kluge hier von einem Merkmalsraum. Dieser zeichnet sich durch „die Kombination der ausgewählten Merkmale und ihrer Ausprägungen“ (Kluge 1999, 258) aus.

Anschließend wird innerhalb der Gruppen nach empirischen Regelmäßigkeiten gesucht. Es wird der Frage nachgegangen, ob die in den Gruppen zusammengefassten Texte über den Merkmalsraum hinaus zusätzliche Merkmale aufweisen. Durch diese Analyse wird es möglich, Gemeinsamkeiten und Unterschiede zwischen Texten aus einer Gruppe und Ähnlichkeiten und Unterschiede zwischen den Gruppen genauer zu benennen. Ziel ist eine „möglichst detaillierte Beschreibung der bislang ermittelten Gruppen anhand der Merkmale (die dem Merkmalsraum zugrunde gelegt wurden) sowie der Eigenschaften, mit deren Hilfe weitere Gemeinsamkeiten und Unterschiede erfasst werden können“ (Kluge 1999, 275).

3. *Analyse der inhaltlichen Sinnzusammenhänge und Typenbildung*

Bei der Analyse der empirischen Regelmäßigkeiten wurde bereits eine detaillierte Beschreibung der Merkmalsräume vorgenommen. Auf dieser Basis werden in diesem Analyseschritt Faktoren ermittelt, mit denen sich Sinnzusammenhänge zwischen den Kategorien herstellen und erklären lassen. Bestehen innerhalb einer Gruppe inhaltliche Sinnzusammenhänge bei den relevanten Merkmalen, werden diese, nach der Definition von Kluge, zu „Typen“ (Kluge 1999, 279). Kluge bemerkt, dass dieses Vorgehen häufig dazu führt, dass Merkmalsraum und Gruppen auf wenige Typen reduziert werden (vgl. Kluge 2000, 10). Entstehen in diesem Prozess weitere Merkmale, erfolgt ein zweiter Durchlauf des Materials. Denn die Merkmale müssen erneut auf ihre empirische Regelmäßigkeit und die inhaltlichen Sinnzusammenhänge hin analysiert werden (vgl. Kluge 2000, 10).

4. Charakterisierung der gebildeten Gruppen
Abschließend werden die gebildeten Typen einer Gruppe detailliert und präzise charakterisiert. Grundlage für die Charakterisierung bilden dabei die Merkmalskombinationen oder die Sinnzusammenhänge. Kluge macht darauf aufmerksam, dass die Fälle eines Typus sich nur ähneln. Deshalb ist es erforderlich, das Gemeinsame der Typen in den Fokus der Charakterisierung zu rücken (vgl. Kluge 1999, 280).

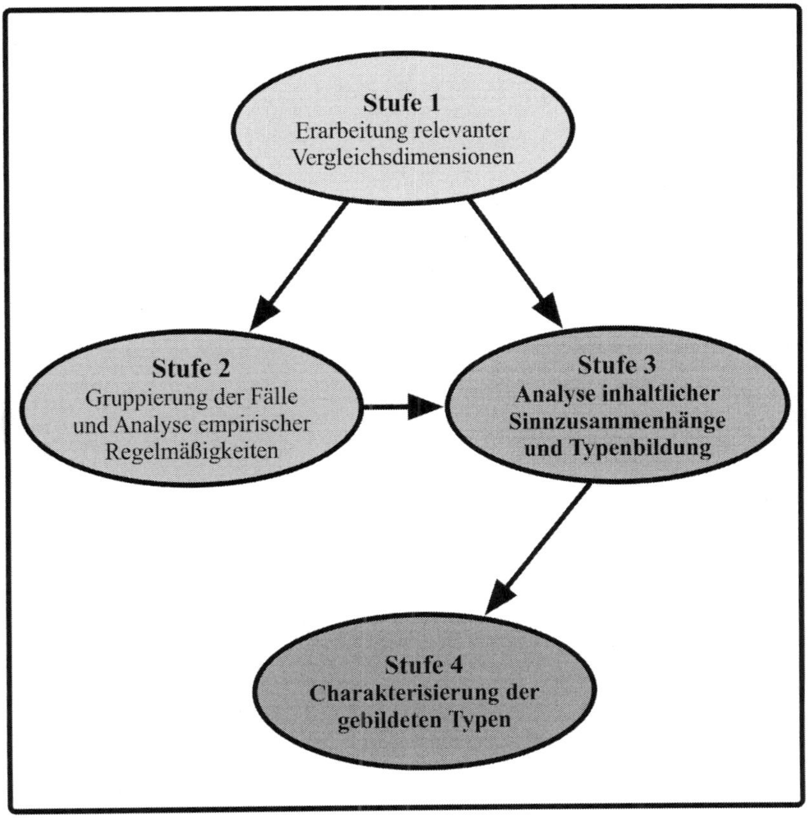

Abb. 2: Stufenmodell empirischer Typenbildung (Kluge 2000, 11)

5.5 Entwicklung der Kategorien und Typenbildung

Auf Grundlage der in den vorangegangenen Kapiteln ausgearbeiteten theoretischen Aussagen zur Reflexion und Professionalität des Handelns werden zunächst, durch eine Reduzierung der gewonnenen Einsichten auf wenige Annahmen, drei vorläufige Typen konstruiert. Diese dienen als Instrument, um eine erste grobe Eingruppierung der Berichte vornehmen zu können. Die Annahmen beziehen sich auf die Haltungen bzw. Sichtweisen, die ein reflexiv Urteilender im Idealfall einnimmt und in denen er sich von einem nicht professionell Handelnden unterscheidet.

Aus der Kombination dieser Annahmen bzw. Merkmale (offene vs. geschlossene Perspektive und kritische vs. unkritische Haltung) ergeben sich folgende Typen, die durch unterschiedliche Stufen des Reflexionsgrades gekennzeichnet sind:

1. Gehobenes Reflexionsniveau
2. Mittleres Reflexionsniveau
3. Geringes Reflexionsniveau

Das Merkmal 1 (Perspektive) basiert auf Burkhard Müllers Unterscheidung zwischen einem offenen und einem geschlossenen Typus des professionellen Handelns in der Sozialen Arbeit (vgl. Müller 2006, 190f). Handlungsorientierungen, die dem „geschlossenen Typus" (monoperspektivische Sichtweise) zugeordnet werden können, sind gekennzeichnet durch eine eingeschränkte Perspektive. Handelnde dieser Orientierung beziehen sich im Berufsalltag immer wieder auf ein bestimmtes Theoriegebäude bzw. einen bestimmten Methodenansatz. Beim „offenen Typus" ist das Referenzsystem erweitert und damit methoden- bzw. situationsoffen (multiperspektivische Sichtweise).

Beim Merkmal 2 (Haltung) wird zwischen einer unkritischen bzw. kritischen Haltung unterschieden. Eine Haltung, die sich durch eine ausschließlich deskriptive Wiedergabe von Methoden und Theorien oder erlebten Situationen kennzeichnen lässt, wird als unkritisch eingestuft. Die kritische Haltung zeichnet sich durch eine Analyse der gemachten Erfahrungen und ihrer wissenschaftlichen Einordnung aus.

Typen des Reflexionsgrades			
		Merkmal 2 Haltung	
		Unkriti-sche Haltung	Kritische Haltung
Merkmal 1 Perspektive	Geschlossene Perspektive	X	Mittleres Reflexions-niveau
	Offene Perspektive	Geringes Reflexions-niveau	Hohes Reflexions-niveau

Tab. 1: Typen des Reflexionsgrades

5.5.1 Entwicklung der Kategorien

Die Berichte werden, aufbauend auf den theoretischen Vorannahmen, auf Gemeinsamkeiten und Unterschiede hin untersucht. Da die Rahmenvorgaben der Hochschule den Studierenden bei der Festlegung des Gegenstands der Reflexion eine große Bandbreite ermöglichen, werden die Berichte zunächst auf die Häufung von bestimmten Themen bzw. Problemstellungen hin durchgearbeitet. Nach einer ersten Analysephase (Durcharbeitung des ersten Drittels aller Berichte) wird eine Überprüfung der Kategorisierung und deren Verdichtung vorgenommen. Mit dem Fortschreiten der Analyse werden bestimmte Themen oder Merkmalsräume herausgefiltert. Diese werden nach wiederholter Durchsicht des Materials weiter ausdifferenziert und stärker voneinander abgegrenzt oder aber aufgrund von Ähnlichkeiten zu einer Kategorie zusammengefasst, so dass sich abschließend folgende Themenkomplexe herausschälen:

1. *Bezug zu allgemeinen Prinzipen/ Verständnis von Sozialer Arbeit*
2. *Reflexion des Handlungsfelds bzw. Methodenverständnis*
3. *Reflexion der eigenen Einstellung bzw. des eigenen Selbstbildes und Professionsverständnis*
4. *Reflexion der Lebensbedingungen der Klienten*
5. *Fall- bzw. Situationsbeschreibung*
6. *Arbeitsbündnis*
7. *Reflexion der Rahmenbedingungen*
8. *Reflexion der Anleitung*

Übersicht über die gebildeten Kategorien/ Kurzdefinition und Verteilung auf die Berichte						
Kategorien	**Definition**	Reflexionsniveau	**GS**	**HS**	**BP**	**Gesamt**
Bezug zu allgemeinen Prinzipen/ Verständnis von Sozialer Arbeit	Werte der Profession; allgemeine Prinzipien der Profession, politische und ethische Verortung	Hoch	2	0	3	5
		Mittel	0	3	4	7
		Gering	2	0	3	5
Reflexion des Handlungsfelds bzw. Methodenverständnis	Handlungsfeldbezogene Prinzipen, Berufsvollzüge u. Besonderheiten	Hoch	1	2	3	6
		Mittel	6	7	7	20
		Gering	4	1	1	6
Reflexion der eigenen Einstellung bzw. des eigenen Selbstbildes und Professionsverständnis	Eigenes Verständnis der Berufsrolle, Rollendistanz, subjektive Präferenzsysteme vs. professionelle Werte u. Standards	Hoch	0	0	2	2
		Mittel	2	3	3	8
		Gering	1	1	1	3
Reflexion der Lebensbedingungen der Klienten	Verständnis für die Lebenssituation, Lebenslage u. Lebenswelt der Klienten	Hoch	0	1	1	2
		Mittel	3	4	6	13
		Gering	8	6	4	18
Fall- bzw. Situationsbeschreibung	Wahrnehmung einer multiperspektivischen und theoriegestützten Sichtweise	Hoch	0	1	1	2
		Mittel	1	3	2	6
		Gering	5	2	3	10
Arbeitsbündnis	Erarbeitung einer gemeinsamen Situationsdefinition u. Gegenstandsbestimmung u. Herstellung einer Arbeitsgrundlage	Hoch	3	3	1	7
		Mittel	1	1	2	4
		Gering	2	1	2	5
Reflexion der Rahmenbedingungen	Wahrnehmung der rechtlichen und sozialpolitischen Rahmenvorgaben sowie der materiellen u. institutionellen Bedingungen	Hoch	0	0	0	0
		Mittel	2	3	5	10
		Gering	9	8	6	23
Reflexion der Anleitung	Wahrnehmung der lehrenden, beratenden, administrativen und beurteilenden Funktionen von Anleitung	Hoch	0	0	1	1
		Mittel	0	0	1	1
		Gering	3	6	2	11
Legende	Hohes Reflexionsniveau					
	Mittleres Reflexionsniveau					
	Geringes Reflexionsniveau					

Tab. 2: Übersicht über die gebildeten Kategorien/ Kurzdefinition und Verteilung auf die Berichte

5.5.2 Charakterisierung der gebildeten Typen

Auf Grundlage der vorläufigen Typisierungen und der im Anschluss erfolgten Kategorisierungen werden komplexere Typen gebildet, die die unterschiedlichen Reflexionsniveaus, die die Studierenden bei der Analyse ihres zurückliegenden Praktikums zeigen, widerspiegeln. Die Abstufungen des Reflexionsgrades lassen sich demnach wie folgt charakterisieren:

Hohes Reflexionsniveau
Dieser Typus vereinigt die offene Perspektive mit einer kritischen Haltung. Die Studierenden sind in der Lage, die Besonderheit der Situation bzw. des Einzelfalles zu benennen und alternative Sichtweisen und Lösungswege aufzuzeigen. Das berufliche Handeln bzw. dessen Reflexion wird aus unterschiedlichen Perspektiven in Bezug auf verschiedene wissenschaftliche Ansätze und Methoden der Sozialen Arbeit wahrgenommen und interpretiert.

Die Studierenden hinterfragen die eigenen Normen und Werte. Möglichkeiten und Behinderungen des professionellen Handelns werden hieraus abgeleitet.

Die Studierenden charakterisieren das professionelle Handeln als zieloffen. Sie formulieren keine vorgefertigten Handlungsziele, sondern machen auf die Notwendigkeit aufmerksam, dass die Ziele der Intervention mit den Beteiligten auszuhandeln sind.

Die Studierenden setzen das eigene Handeln in Bezug zu den institutionellen bzw. gesellschaftlichen Rahmenbedingungen. Die Rahmenbedingungen werden erkannt und in der Handlungssituation berücksichtigt, aber auch grundsätzlich als hinterfragbar und veränderbar eingeschätzt.

Mittleres Reflexionsniveau
Dieser Typus ist gekennzeichnet durch eine unkritische Haltung gegenüber Theorien. Die Studierenden besitzen zwar grundsätzlich eine theoriegeleitete Analysefähigkeit. Diese basiert jedoch ausschließlich auf einem bestimmten Theoriegebäude bzw. einem bestimmten Methoden- oder Erklärungsansatz. Sie analysieren Handlungssituationen generell nach dieser vorgegebenen Sichtweise. Andere mögliche

Sichtweisen werden systematisch ausgeblendet. Aus diesem Grund wird ein geschlossenes Verständnis von Sozialer Arbeit angenommen.

Die geforderte Reflexion ist durch eine eingeschränkte Handlungsorientierung gekennzeichnet. Handlungsmöglichkeiten der Klienten werden nur in einem vordefinierten Rahmen aufgezeigt. Sie werden nicht als zieloffen und als mit den Betroffenen verhandelbar dargestellt.

Auch die Einschätzung der Rahmenbedingungen und deren Erweiterungsmöglichkeiten basieren auf dem eingeschränkten Referenzsystem. Lösungswege, die quer zu diesem beruflichen Selbstverständnis liegen, werden nicht wahrgenommen bzw. systematisch negiert.

Geringes Reflexionsniveau

Die Studierenden sind in ihren Berichten nicht in der Lage, eine Verbindung zu wissenschaftlichen Theorien herzustellen. Diese bilden aber die notwendige Voraussetzung zum Verständnis des Arbeitsfeldes, der geschilderten Situation bzw. des geschilderten Falles.

Die Studierenden nehmen in der Analyse des Arbeitsfeldes oder der Analyse von Handlungssituationen bzw. Fällen auf offensichtlich falsche Theorien Bezug. Eine adäquate Einschätzung der Handlungsgrundlagen erfolgt nicht, da wissenschaftliche Kriterien für deren Erfassung fehlen.

Ein weiteres Merkmal für ein geringes Reflexionsniveau bildet die mangelnde Fähigkeit der Studierenden, Alternativen zur Einschätzung eines Falles bzw. einer Situation, zu zukünftigen Entwicklungen oder möglichen Interventionen aufzuzeigen. Darüber hinaus wird als Indikator für ein geringes Reflexionsniveau ein mangelndes kritisches Hinterfragen der eigenen Einschätzung der Problemlage bzw. des eigenen Handelns durch die Studierenden angesehen (vgl. Kap. 4.6).

Hervorzuheben ist, dass sich die Einstufung auf ein bestimmtes Reflexionsniveau ausschließlich auf das in den Berichten offen gelegte, also das kommunizierte Reflexionsvermögen bezieht. Die Fähigkeit, über das eigene Tun zu kommunizieren, bildet zwar ein wesentliches Merkmal des professionellen Handelns (siehe Kap. 4.6). Rückschlüsse auf das tatsächliche Handeln in einer konkreten Handlungssituation können aufgrund der vorliegenden Ergebnisse aber nur bedingt vorgenommen werden. Eine Analyse der Performanz des professionellen Handelns der Studierenden in einer realen Handlungssituation war nicht Erkenntnisziel dieser Studie.

5.6 Darstellung der Ergebnisse

5.6.1 Vorbemerkung

Die in Kapitel 5.5.1 aufgelisteten Themen bzw. Kategorien werden in den Berichten mit unterschiedlicher Intensität bearbeitet. Einige Berichte sind inhaltlich sehr breit angelegt und behandeln mehrere Themenbereiche. In anderen Berichten wird der Fokus auf einen einzelnen Aspekt gelegt. Die Analyse geht mehr in die Tiefe. Hierdurch erklärt sich die Bandbreite im Reflexionsniveau. Wesentlich für die Auswertung ist jedoch, ob die Studierenden generell in der Lage sind, ein mittleres bzw. hohes Reflexionsniveau zu erreichen. Die Auswertung erfolgt nach folgendem Muster. Zunächst werden alle Berichte auf das Reflexionsniveau eingestuft, welches im einzelnen Bericht maximal erreicht wurde. Dieser Auswertungsschritt wird mit Hilfe eines Tortendiagramms dargestellt. Dann werden die Berichte darauf hin analysiert, wie oft in unterschiedlichen Kategorien Zuordnungen zu einem bestimmten Reflexionsniveau vorgenommen wurden. Die Ergebnisse werden in einer Tabelle dargestellt.

5.6.2 Auswertung aller Berichte unter Berücksichtigung des Ausbildungsstandes

Von den 33 TeilnehmerInnen der Studie haben 5 TeilnehmerInnen vor der Aufnahme des Studiums eine Ausbildung im sozialen Bereich absolviert. Weitere 9 TeilnehmerInnen haben einschlägige Erfahrungen in sozialarbeiterischen Arbeitsfeldern. 10 TeilnehmerInnen gaben an, dass sie über keine Vorausbildungen bzw. Vorerfahrungen im sozialen Bereich verfügen. Da 9 von 33 TeilnehmerInnen keine Angaben zu dieser Frage machten, sind die in den Blick fallenden Relationen zwischen Vorerfahrungen und Reflexionsgrad nur bedingt aussagefähig.

Von den 33 ausgewerteten Berichten zeigen 12 Berichte zumindest in einem oder aber in mehreren Kategorien ein hohes Reflexionsniveau. In 18 Berichten wurde maximal ein mittleres Reflexionsniveau erreicht. Ausschließlich ein geringes Reflexionsniveau wurde in 3 Berichten erzielt.

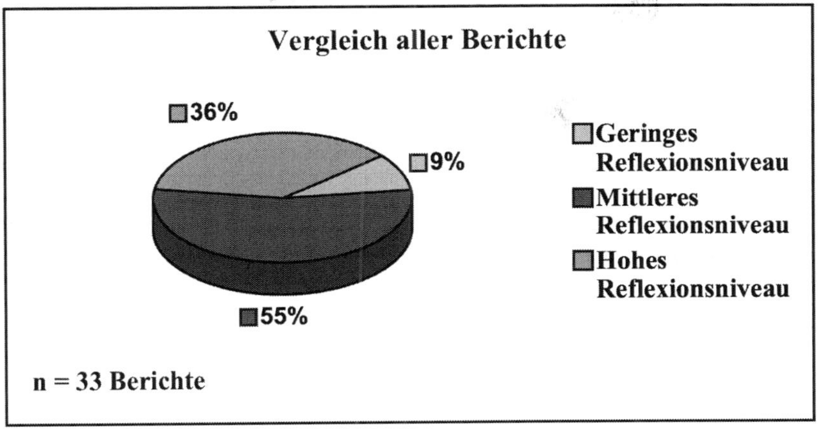

Abb. 3: Vergleich aller Berichte

Beim Vergleich der Reflexionsniveaus wird deutlich, dass Studierende mit Vorausbildung bzw. Vorerfahrungen relativ häufig das hohe Reflexionsniveau erreichten. Von den 12 Berichten, in denen das hohe Reflexionsniveau erreicht wurde, wurden 6 Berichte von Studierenden verfasst, auf die die vorgenannten Kriterien zutreffen. Die VerfasserInnen von 3 Berichten dieses Typus verfügten über keine Vorausbildung bzw. Vorerfahrungen. Bei 3 Berichten des Typus lagen keine Angaben vor.

Der Schwerpunkt der Zuordnungen liegt auf Zuordnungen zum geringen Reflexionsniveau (103 : 75 : 24). Das mittlere (75 Zuordnungen) und das hohe Reflexionsniveau (24 Zuordnungen) zeigen jedoch, dass fast die Hälfte der Zuordnungen über das geringe Reflexionsniveau hinausweisen und mindestens auf dem mittleren Reflexionsniveau liegen.

Gesamte Zuordnungen			
Bericht	Geringes Reflexionsniveau	Mittleres Reflexionsniveau	Hohes Reflexionsniveau
GS	41	16	6
HS	37	25	5
BP	25	34	13
Summe	**103**	**75**	**24**

Tab. 3: Gesamte Zuordnungen

5.6.3 Auswertung der Gruppe Grundstudium

Aus der Gruppe des Grundstudiums erreichten nur 2 Berichte in unterschiedlichen Kategorien das gehobene Reflexionsniveau. Diese VerfasserInnen gaben an, bereits über eine Vorausbildung bzw. Vorerfahrungen im sozialen Bereich zu verfügen.

In 7 Berichten wurde maximal ein mittleres Reflexionsniveau erzielt. Nur 2 Berichte erreichten ausschließlich ein geringes Reflexionsniveau.

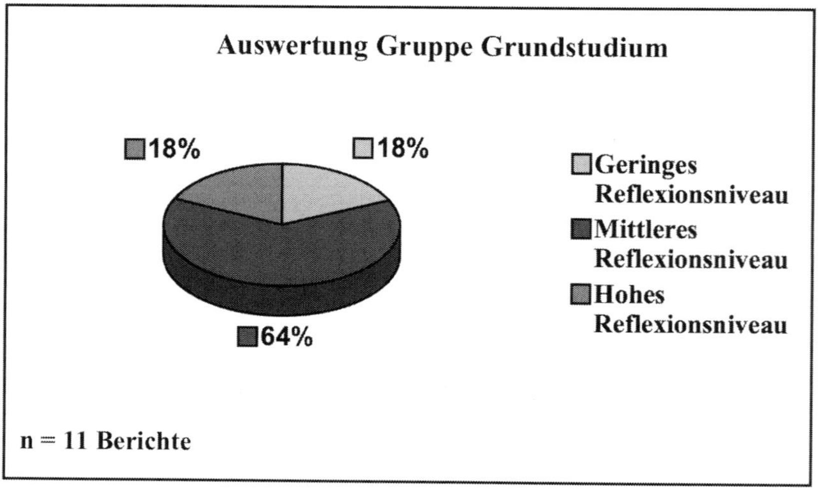

Abb. 4: Auswertung der Gruppe Grundstudium

Der Schwerpunkt der Zuordnungen im Grundstudium liegt jedoch auf Zuordnungen zum geringen Reflexionsniveau (41 : 16 : 6).

Zuordnungen im Grundstudium			
Bericht	Geringes Reflexionsniveau	Mittleres Reflexionsniveau	Hohes Reflexionsniveau
23.	2	2	-
24.	2	2	4
25.	6	1	-
26.	5	-	-
27.	4	3	2
28.	5	2	-
29.	2	2	-
30.	4	2	-
31.	3	-	-
32.	3	2	-
33.	5	2	-
Summe	**41**	**16**	**6**

Tab. 4: Zuordnungen im Grundstudium

5.6.4 Auswertung der Gruppe Hauptstudium

In 5 Berichten wurde ein hohes Reflexionsniveau erreicht. Auffallend ist jedoch, dass jeweils nur einmal in je einer Kategorie das gehobene Reflexionsniveau erreicht wurde. Insgesamt erreichten 5 Berichte das mittlere Reflexionsniveau. Zwei dieser Berichte konnten in drei Kategorien, einer sogar in vier Kategorien auf diesem Niveau eingeordnet werden. Nur 1 Bericht erreichte ausschließlich das geringe Reflexionsniveau.

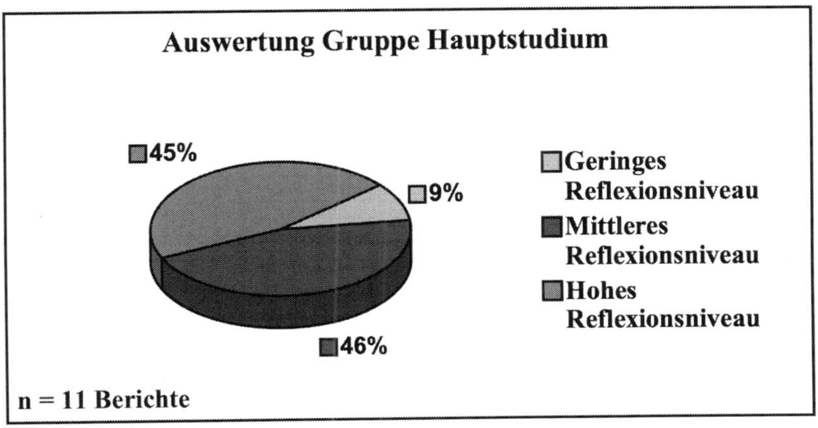

Abb. 5: Auswertung Gruppe Hauptstudium

Der Schwerpunkt der Zuordnungen im Hauptstudium liegt auf Zuordnungen zum geringen Reflexionsniveau (37 : 25 : 5). Insgesamt lässt sich jedoch ein Trend zu einer intensiveren Reflexion ausmachen, da 30 Zuordnungen zum mittleren oder hohen Reflexionsniveau vorgenommen werden konnten.

Zuordnungen im Hauptstudium			
Bericht	Geringes Reflexionsniveau	Mittleres Reflexionsniveau	Hohes Reflexionsniveau
13.	4	1	-
14.	3	3	-
15.	3	1	1
16.	5	-	-
17.	3	4	1
18.	3	3	1
19.	3	2	1
20.	5	3	1
21.	2	3	-
22.	6	1	-
23.	-	4	-
Summe	**37**	**25**	**5**

Tab. 5: Zuordnungen im Hauptstudium

5.6.5 Auswertung der Gruppe Berufspraktikum

Hier erreichten 5 Berichte das hohe Reflexionsniveau. Auffallend ist, dass mit Ausnahme eines Berichts in vier anderen Berichten mindestens in zwei Kategorien ein hohes Reflexionsniveau erzielt wurde. Drei TeilnehmerInnen auf dieser Reflexionsstufe gaben an, über Vorerfahrungen zu verfügen.

6 Berichte haben mindestens einmal das mittlere Reflexionsniveau erreicht. 1 Bericht hat zwar keine Eintragungen zu einer Kategorie auf mittlerem Niveau, jedoch zwei Eintragungen in unterschiedlichen Kategorien auf hohem Niveau. In einem Bericht wurde ausschließlich auf mittlerem und hohem Niveau reflektiert.

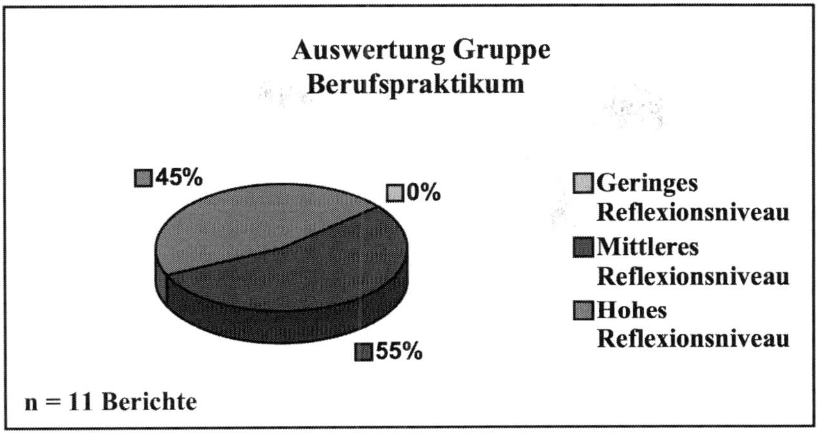

Abb. 6: Auswertung der Gruppe Berufspraktikum

Der Schwerpunkt der Zuordnungen im Berufspraktikum liegt auf Zuordnungen zum mittleren Reflexionsniveau (25 : 34 : 13). Insgesamt lässt sich ein starker Trend zu einer intensiveren Reflexion ausmachen, da 47 Zuordnungen zum mittleren oder hohen Reflexionsniveau vorgenommen werden konnten.

Zuordnungen im Berufspraktikum			
Bericht	Geringes Reflexionsniveau	Mittleres Reflexionsniveau	Hohes Reflexionsniveau
1.	2	4	-
2.	4	2	-
3.	2	2	5
4.	2	3	2
5.	2	4	3
6.	2	6	-
7.	1	-	2
8.	-	5	1
9.	4	4	-
10.	3	2	-
11.	3	2	-
Summe	**25**	**34**	**13**

Tab. 6: Zuordnungen im Berufspraktikum

5.6.6 Vergleich des Reflexionsgrades in Relation zu den verdichteten Kategorien

5.6.6.1 Bezug zu allgemeinen Prinzipien/ Verständnis von Sozialer Arbeit

Im Zentrum dieser Kategorie steht die Auseinandersetzung mit grundlegenden Orientierungen und Werten der Profession. Diese professionellen Werte werden exemplarisch durch den „Deutschen Berufsverband für Soziale Arbeit (DBSH)“ und die „International Federation of Social Workers (IFSW)“ vertreten. In ihren Positionierungen und Definitionen werden allgemeine Prinzipien der Profession benannt. Beispielhaft sind hier die „Wiener Deklaration“ und die „Montreal Erklärung“ zu nennen. Die „Wiener Deklaration“ ist eine trinationale Grundsatzerklärung der Berufsverbände DBSH (Deutscher Berufsverband für Soziale Arbeit e.V.), NVMW (Nederlandse Vereniging van Maatschappelijk Werkers) und ÖBDS (Österreichischer Berufsverband Diplomierter SozialarbeiterInnen). Die „Montreal Erklärung“ beinhaltet eine internationale Definition von Sozialer Arbeit, die auf dem im Jahre 2000 in Montreal durchgeführten Kongress der IFSW verabschiedet wurde. In beiden Dokumenten finden sich Aussagen zu grundlegenden Werten, zur politischen und ethischen Verortung, zur wissenschaftlichen Verortung und zu Auftrag, Zielsetzung und Handlungsrahmen der beruflichen Praxis der Sozialen Arbeit.

Im Kontext der Arbeit wurden Aussagen mit direktem oder indirektem Bezug auf diese allgemeinen Prinzipien in die Kategorie aufgenommen. Fand eine Reflexion der Berufsvollzüge in Auseinandersetzung mit den genannten Prinzipien statt, wurde ein hohes Reflexionsniveau konstatiert. Wurde zwar auf allgemeine Prinzipen verwiesen, die dann aber in Bezug auf ein subjektives Werteverständnis oder in Bezug auf grundlegende Orientierungen eines anderen Bezugssystems, z.B. einer bestimmten Theorie reflektiert wurden, wurde ein mittleres Reflexionsniveau zugrunde gelegt.

Auswertung der Kategorie „Verständnis von Sozialer Arbeit“
In 17 Berichten (51%) sind Aussagen zum Verständnis der Sozialen Arbeit (Thematisierung von allgemeinen Regeln der Profession, Normen und Werte des Berufsstandes, und/ oder berufsethische Fragen) enthalten.

Die Aussagen wurden in folgende Reflexionsniveaus eingruppiert :

5 x hohes Reflexionsniveau	(GS 2 : HS 0 : BP 3)
7 x mittleres Reflexionsniveau	(GS 0 : HS 3 : BP 4)
5 x geringes Reflexionsniveau	(GS 2 : HS 0 : BP 3)

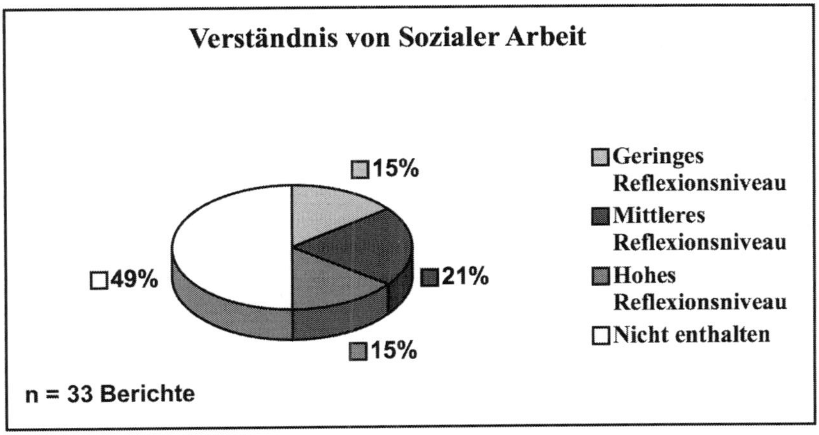

Abb. 7: Verständnis von Sozialer Arbeit

Auffallend häufig wurde das Professionsverständnis im Berufspraktikum thematisiert. In 9 Berichten dieser Gruppe sind Aussagen zu dieser Thematik enthalten, wobei 3 von insgesamt 5 Berichten der Kategorie „Hohes Reflexionsniveau“ zugeordnet werden konnten.

Ein Erklärungsansatz hierfür liegt in der längeren Dauer der Praxisphase. Die Studierenden im Berufspraktikum sind ein Jahr in der Einrichtung tätig. Dieser berufliche Sozialisationsprozess wird zudem durch Reflexionsseminare an der HAWK begleitet, in denen eine intensivere Auseinandersetzung mit dem Professionsverständnis ermöglicht wird.

Beispiel für ein mittleres Reflexionsniveau:
A reflektiert in ihrem Bericht ihre berufspraktischen Erfahrungen in der Schulsozialarbeit. Eine Begriffsbestimmung und Verortung dieses Handlungsfeldes wird im Bericht nur auf der Strukturebene vorgenommen. A schildert die verschiedenen Modelle der organisatorischen Einbindung. Sie hat sich im Rahmen ihres Studiums intensiv mit der systemischen Beratung und Therapie befasst. Einen großen Umfang in ihrem Bericht nimmt die Darstellung und theoretische Verortung der systemischen Denkweise und der systemischen Beratung ein:

> „Die systemische Denkweise nimmt (...) an, das der Klient bereits alle Fähigkeiten besitzt, um seine Probleme zu lösen, dass sie ihm zur Zeit der Beratung nur noch nicht bewusst sind (...). Darüber hinaus empfiehlt die Systemische Therapie große Vorsicht gegenüber defizitorientierten Diagnosen und Problembeschreibungen, da diese im Sinne einer sich selbst erfüllenden Prophezeiung das beschriebene Symptom zementieren können, statt zu seiner Lösung beizutragen(...).“ (A, 86)

Diese Sichtweise prägt den Bericht. Der systemische Beratungs- und Therapieansatz liefert die Bewertungs- und Beurteilungsmaßstäbe für die Soziale Arbeit im schulischen Handlungsfeld. Die Aufgaben der Sozialen Arbeit werden zwar umfassend dargestellt, deren Klienten also Schüler, Lehrer und Eltern werden jedoch primär als Ratsuchende erlebt und geschildert:

> „Die Lehrer sind ebenfalls ein Klientel der Schulsozialarbeit, das hier zum Teil um Beratung nachsucht. Dabei handelt es sich um Lehrer, die der Schulsozialarbeit aufgeschlossen gegenüberstehen und Abhilfe für aus ihrer Sicht drängende Probleme mit bestimmten Schülern, Tischgruppen oder ganzen Stammgruppen suchen.“ (A, 45)

Oder an anderer Stelle:

> „Dabei treten Lehrer im Sinne der systemischen Beratung oft zunächst in eine Beziehung als "Klagende" zum beratenden Sozialpädagogen, d.h. sie konstruieren ein Problem und ein gewünschtes Ziel (...).“ (A, 49)

Neben der Erwartung von Eltern, dass die Sozialpädagogen als Interessenvertretung ihrer Kinder fungieren, wird auch hier der Beratungsaspekt betont. Die Eltern verstehen

> „(....) die Sozialpädagogen auch als kompetente Berater in Erziehungsfragen, etwa wenn ihr Kind hartnäckig den Schulbesuch verweigert (....).“ (A, 50)

Werden allgemeine Prinzipen angesprochen, so werden diese ebenfalls dem Theoriegebäude der systemischen Beratung entlehnt:

> „Sehr hilfreich war hierbei die (....) in der systemischen Beratung bekannte Haltung der "Neutralität" und der "Allparteilichkeit" (...). Allparteilichkeit bedeutet hier die Fähigkeit, für alle Beteiligten gleichermaßen Partei ergreifen zu können, ihrer aller Verdienste anerkennen zu können sowie sich mit beiden Seiten identifizieren zu können (...) Neutralität bedeuten nicht etwa, keine eigene Meinung zu haben, sondern vielmehr, diese nicht in doktrinärer Form einzubringen, sondern sie als eine Lösungsmöglichkeit von vielen anzubieten (...).“ (A, 95)

Auch bei den Ausführungen über die Auseinandersetzung mit Arbeitsaufträgen wird die Rolle der Schulsozialarbeit implizit mit Beratung verknüpft. Klienten nehmen Kontakt zum „Berater“ auf oder werden durch den Lehrer zur Beratung geschickt:

> „Sehr wichtig scheint mir in der Schulsozialarbeit auch zu sein, dass man sich als Sozialpädagoge darüber im Klaren ist, wer welche Art von Auftrag erteilt hat, um Dilemmata und unlösbare Aufgaben zu vermeiden (...). Hilfreich finde ich (...) die Unterteilung(....), nach welcher Klienten zunächst eine Besucher-, Klagende- oder Kundenbeziehung zum Berater aufnehmen können (...). Zu beachten ist dabei, dass diese Beziehungsformen sich immer wandeln können, dass also z.B. eine Besucherbeziehung zur Kundenbeziehung werden kann (...). ”Besucher“ kommen oft unfreiwillig, z.B. weil jemand sie geschickt hat; sie sehen demzufolge selbst keinen Veränderungsbedarf (...). Hierzu könnten Schüler zählen, die ein Lehrer zur Beratung oder zur Hausaufgabenhilfe geschickt hat.“ (A, 100)

A gelingt es in ihrer Ausbildung nicht, sich mit ihrer Berufsrolle als Sozialarbeiterin zu identifizieren. Die dem Beruf zugrunde liegenden Prinzipien bleiben ihr fremd, sofern sie sich nicht mit den Prinzipien der systemischen Beratung decken. Zwar gibt es große Überschneidungen, aber professionsspezifische Aspekte werden von A nicht reflektiert. Das Reflexionsniveau auf der Basis ihres theoretischen Ansatzes ist beachtlich und in hohem Maße theoriegeleitet. Da sie jedoch ihrem Ansatz verhaftet bleibt und eine kritische Auseinandersetzung unterbleibt, fehlt die multiperspektivische Verortung.

Beispiel für ein hohes Reflexionsniveau:
Im Zentrum der Reflexion von B steht die Auseinandersetzung mit ihrem beruflichen Selbstverständnis. Einleitend schildert sie die Defi-

nitionen von Sozialer Arbeit des DBSH und der ISWF und bezieht sie auf ihren Arbeitsbereich.

> „Die aufgezeigten Definitionen und die damit verbundene Professionshaltung scheinen die Soziale Arbeit für den Hospizbereich zu prädestinieren." (B, 42)

Im Anschluss beschreibt sie die Aufgaben der Sozialarbeit in ihrem Arbeitsfeld und die für deren Umsetzung erforderlichen professionellen Kompetenzen:

> „Hier wird eine gesteigerte soziale Kompetenz benötigt, die mit einer Empathiefähigkeit und Toleranz gegenüber anderen einhergeht, da die zu begleitenden Menschen alle einen unterschiedlichen Lebenshintergrund und diverse Weltanschauungen mitbringen. Der Mensch ist in seiner Einzigartigkeit wertzuschätzen und anzunehmen." (B, 47)

Dann fasst sie ihr Verständnis von Sozialer Arbeit, welches eine hohe Übereinstimmung mit den aufgezeigten Definitionen der Berufsverbände aufweist, zusammen:

> „Soziale Arbeit ist nach meinem Verständnis ein dynamischer, flexibler Prozess, auf den sich jedes an ihm beteiligte Individuum auswirkt. Der unmittelbare Kontext der Individuen sowie gesellschaftliche, gesetzliche, kulturelle, wirtschaftliche, umweltbedingte und globale Zusammenhänge bzw. Rahmenbedingungen wirken auf den Prozess Sozialer Arbeit ein. Menschenrechte und der Grundsatz, dass die Würde des Menschen unantastbar ist, sollten Grundlage Sozialer Arbeit sein. Soziale Arbeit richtet sich im Allgemeinen auf die Verbesserung der Lebenssituation des Klientels aus." (B, 71)

Es folgt eine Erläuterung der klientenbezogenen Grundhaltung:

> „Der Sozialarbeiter steht dem Klienten und seinen psychosozialen Bedürfnissen wahrnehmend, ganzheitlich, empathisch und wertfrei gegenüber. Die ‚Verbesserung der Lebenssituation' ist eine subjektive Größe; sie ist daher in ihrer Ausgestaltung individuell an den vorhandenen Kontext gebunden und stets auf ihre aktuelle Gültigkeit zu überprüfen." (B, 72)

Im nachfolgenden Schritt nimmt B Bezug auf die Sozialarbeitswissenschaft und legt dar, welche umfangreichen theoretischen Grundlagen sowie fachlichen und persönlichen Kompetenzen für ein professionelles Agieren im Feld der Sozialen Arbeit erforderlich sind:

> „Fachkenntnisse, ein Methodikrepertoire, didaktische Fertigkeiten, kollegialer Austausch sowie Supervision unterstützen die Professiona-

> lität Sozialer Arbeit. Der Persönlichkeit des Sozialarbeiters kommt in der Kommunikation und der Interaktion mit anderen Menschen wesentliche Bedeutung zu. Sie ist daher als ein berufliches Mittel zu verstehen und einzusetzen. (....) Der Mensch ist Mittelpunkt und Ausgangspunkt der Sozialen Arbeit." (B, 73)

Zum Abschluss ihrer Reflexion erfolgt eine vertiefende Darstellung ihres Professionsverständnisses.

> „Konkret beziehe ich mich in meiner Arbeit auf mein Wertesystem, Intuition, Rhetorik, Methodik, allgemeine sozialpädagogische Fachkenntnisse wie beispielsweise Kommunikationsgrundlagen, Klientenzentrierte Gesprächsführung und Systemische Beratung sowie die für mein Arbeitsgebiet spezifischen Fachkenntnisse (....) gehören." (B, 74)

In diese Darstellung fließen die vorgenannten theoretischen Grundlagen und Konzepte ein. Auch die beruflichen Widersprüche und Identitätsprobleme der Profession finden Erwähnung:

> „Einerseits ist die Soziale Arbeit damit beauftragt, in einer umfassenden Allzuständigkeit komplexe Probleme zu lösen, verfügt jedoch als Profession kaum über einen eigenen Zuständigkeitsbereich und ist im gesellschaftlichen Ansehen anderen Berufsgruppen nachgestellt." (B, 98)

Zusammenfassend ist festzustellen, dass B ein sehr differenziertes professionelles Selbstverständnis dargelegt hat. Es basiert auf einer fundierten Auseinandersetzung mit dem Berufsbild, der Berufsrolle und dem eigenen personalen Hintergrund. Hierin liegt die multiperspektivische Qualität dieser Reflexion.

5.6.6.2 *Reflexion des Handlungsfelds und Methodenverständnisses*

Die Handlungsfelder der Sozialen Arbeit sind sehr heterogen und durch handlungsfeldspezifische Besonderheiten geprägt. Die Studierenden wählen im Rahmen des Studiums Handlungsfelder, um die im Studium angeeigneten Kompetenzen exemplarisch in einem konkreten Schwerpunkt zu erweitern bzw. zu vertiefen. Neben der theoretischen Auseinandersetzung mit einer bestimmten arbeitsfeldbezogenen Methode bzw. Handlungsform der Sozialen Arbeit an der Hochschule werden die Kenntnisse und Fähigkeiten auch in der Praxis im Rahmen der Praktika angewandt und erprobt. Die Studierenden erhalten hierbei einen vertieften Einblick in die unterschiedlichen Handlungsformen und Handlungskonzepte der Sozialen Arbeit. Außerdem wird unter dieser Kategorie die Thematisierung bereichsspezifischer Handlungsprinzipien der Sozialen Arbeit subsumiert.

Im Kontext der Arbeit wurden Aussagen zu konkreten handlungsfeldbezogenen Besonderheiten und Methoden bzw. Handlungsformen in die Kategorie aufgenommen. Fand eine Reflexion der handlungsfeldbezogenen Berufsvollzüge in Auseinandersetzung mit unterschiedlichen für das Feld relevanten Theorien statt, wurde eine offene Perspektive bzw. ein hohes Reflexionsniveau konstatiert. Wurde nur auf einen theoretischen Erklärungsansatz Bezug genommen, wurde eine geschlossene Perspektive bzw. ein mittleres Reflexionsniveau zugrunde gelegt.

Auswertung der Kategorie „Handlungsfeld bzw. Methodenverständnis“

In 32 Berichten (97%) konnten Eingruppierungen zur Kategorie „Reflexion des Handlungsfelds bzw. Methodenverständnis“ (Auseinandersetzung mit einer bestimmten arbeitsfeldbezogenen Methode bzw. Handlungsform, Thematisierung von bereichsspezifischen Handlungsprinzipen) vorgenommen werden.

Die Eingruppierung erfolgte in folgende Reflexionsniveaus:

6 x hohes Reflexionsniveau	(GS 1 : HS 2 : BP 3)
20 x mittleres Reflexionsniveau	(GS 6 : HS 7 : BP 7)
6 x geringes Reflexionsniveau	(GS 4 : HS 1 : BP 1)

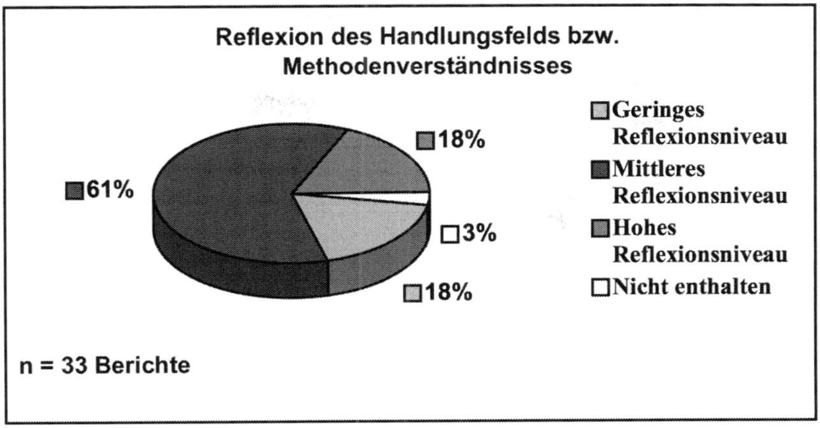

Abb. 8: Reflexion des Handlungsfelds bzw. Methodenverständnisses

Auffällig hoch ist die Eingruppierung in das mittlere (20 Berichte) und das hohe Reflexionsniveau (6 Berichte). Das mittlere Reflexionsniveau ist nahezu gleichwertig auf alle drei Gruppen (GS 6 : HS 7 : BP 7) verteilt. Im Grundstudium wurden die häufigsten Zuordnungen zum geringen Reflexionsniveau vorgenommen (4 von insgesamt 6 Berichten).

Ein Erklärungsansatz für das häufige Aufgreifen dieser Thematik lässt sich aus der Strukturvorgabe der Fakultät (Studienordnung) für die Erstellung von Praktikumsberichten herleiten, da jeder Bericht Aussagen zum Handlungsfeld und dessen Handlungsmethoden enthalten muss. Außerdem entscheiden sich die Studierenden in der Regel nach persönlichen Vorlieben und Neigungen für ein Handlungsfeld und verknüpfen diese Wahl auch mit den individuellen Studienschwerpunkten (insbesondere im Hauptstudium und im Berufspraktikum).

Beispiel für ein mittleres Reflexionsniveau:
C absolvierte ihr Praktikum in einer Drogenberatungsstelle. Zunächst arbeitet C in ihrem Bericht heraus, welche Substanzen als Drogen betrachtet werden und was sie im menschlichen Körper bewirken. Dann unterscheidet sie die Bereiche legale und illegale Drogen und zeigt die strafrechtliche Relevanz von Herstellung, Erwerb illegaler

Drogen und Drogenhandel auf. Mit Bezug auf die WHO definiert sie den Begriff der Drogenabhängigkeit.

Im Anschluss widmet sich C dem professionellen Hilfesystem der Sucht- und Drogenhilfe:

> „Die Bezeichnung Sucht- und Drogenhilfe deutet auf eine Unterscheidung zwischen der Hilfe für Menschen, die Probleme im Umgang mit Alkohol und Medikamenten haben (Suchtkrankenhilfe), und für Menschen, die Probleme im Umgang mit illegalisierten Drogen haben (Drogenhilfe). Hinzu kommt die Arbeit mit den Zielgruppen der nicht von stoffgebundenen Süchten Betroffene (z. B. Spielsucht, Internetsucht, süchtige Essstörungen)." (C, 128)

Mit Bezug zur Fachliteratur beschreibt sie unterschiedliche Ansätze in der Drogenhilfe. Hierbei arbeitet sie in Anlehnung an Loviscach und Chasse heraus, dass

> „(....) die Abstinenz (...) nicht als einziges legitimes Ziel (gilt). Es entwickelt sich ein differenziertes Hilfesystem, in dem die Minderung der Risiken des Drogenkonsums eine bedeutende Rolle spielt." (C, 104)

Dann beschreibt sie das Aufgabenspektrum von Sucht- und Drogenberatungsstellen und verweist auf die multiprofessionelle Kooperation mit anderen Berufsgruppen, insbesondere der Psychologie und der Medizin.

Abschließend betont sie die konkrete individuelle Ebene der Drogenberatung. Die Drogenhilfe soll primär konkrete Ausstiegshilfen zur Verfügung stellen,

> „ (....) damit der suchtkranke Mensch ein drogenfreies und autonomes Leben zu führen lernt. Ein wichtiger Aufgabenbereich der Drogenberatungsstellen ist die Entzugsmotivation eines Klienten zu unterstützen, den Süchtigen zum Entzug zu motivieren, mit ihm die Kostenübernahme und andere für die Therapie wichtige Formalien zu klären und den einzelnen Betroffenen auf dem Wege hin zur Therapie und Drogenfreiheit zu unterstützen und auch Rückfälle bewältigen zu helfen." (C, 140 - 141)

Im Zentrum ihrer Reflexion steht das Thema Co-Abhängigkeit. Angeregt durch ihre Teilnahme an den regelmäßigen Treffen der Eltern drogenabhängiger Jugendlicher schreibt sie, dass ihr

„(....) bewusst geworden (ist), wie sehr die Eltern unter der Drogenabhängigkeit ihrer Kinder „mitleiden". Es erfordert ein Umdenken im Verhalten der Eltern gegenüber ihren Kindern, damit diese durch ihr Handeln die Sucht der Betroffenen nicht „verlängern". Ich bin der Meinung, dass dieses Umdenken für die Eltern sehr schwierig ist. Bei den Elternkreistreffen haben Eltern oft beschrieben, dass es ihnen besonders am Anfang der Drogenabhängigkeit ihrer Kinder schwer fällt, die eigenen Kinder leiden zu sehen und dabei eigentlich nichts tun zu können." (C, 149 - 150)

Nach der emphatischen Annäherung an den Personenkreis der Eltern von Drogenabhängigen stellt C einen Bezug zur Theorie her, in dem sie den Begriff Co-Abhängigkeit einführt. In Anlehnung an Schaef definiert sie ihn als

„(....) Mit-Abhängigkeit der nächsten Angehörigen von Suchtkranken. Mitbetroffen-Sein bedeutet in diesem Zusammenhang das Belastet-Sein durch das „Mitleiden an der Abhängigkeit". Merkmale der Co-Abhängigkeit sind z. B., dass sich die Angehörigen von Suchtkranken nicht abgrenzen können. (....) Die Angehörigen nehmen den Suchtkranken Belastungen ab oder ersparen ihm Belastungen, d. h. sie übernehmen zunehmend Verantwortung für den Suchtkranken." (C, 150)

Anschließend folgt eine detaillierte Beschreibung von Verhaltensweisen und Einstellungsmustern der Co-Abhängigkeit. C beschreibt die physischen und psychischen Folgen einer Co-Abhängigkeit sowie das übersteigerte Kontrollbedürfnis, das mit der Co-Abhängigkeit einhergeht.

„Co-Abhängige glauben, sie sollten und könnten alles kontrollieren. Die Eltern beginnen, den Suchtmittelkonsum ihrer Kinder zu kontrollieren und gehen davon aus, dass das Problem verschwände, wenn sie dies nur perfekt genug täten." (C, 151)

C weist auf die Gefahr hin, dass durch die Aktivitäten der Eltern die Probleme stabilisiert werden.

„Die Drogenabhängigen lernen keine negativen Konsequenzen des Drogenkonsums kennen. Sie werden von ihren Eltern unterstützt, indem diese ihren Kindern beispielsweise Geld leihen, für sie lügen und in einem gewissen Maße das Leben ihrer Kinder regeln. Durch die „Mittäterschaft der Eltern" gerät ein Abhängiger meist noch tiefer in Sucht." (C, 152)

An diesem Punkt verortet C eine weitere Aufgabe des Hilfesystems. Co-Abhängige benötigen professionelle Hilfe und Unterstützung. Als geeigneten Ort für diese Unterstützungsleistungen macht sie die Elternkreise aus.

> „Ziel dieser Treffen ist es, die Angehörige von Suchtkranken zu befähigen, trotz Engagement ausreichend Distanz zum Suchtproblem ihres Kindes zu halten. Sie lernen hier, dass sie ihre Kinder motivieren können, Hilfeangebote für Suchtkranke wahrzunehmen (....).“(C, 152)

C setzt sich in ihrem Bericht intensiv mit dem Arbeitsfeld und exemplarisch mit einzelnen Methoden und Ansätzen auseinander (z.B. für und wider der so genannten Abstinenzregel). Sie stützt ihre Argumentation auf einschlägige arbeitsfeldbezogene Literatur. Trotz der vertieften Auseinandersetzung gelingt es ihr nicht, ihre Perspektive zu öffnen. Sie bleibt der engen Perspektive des Arbeitsfeldes verhaftet und stellt die spezifischen Probleme nicht in einen übergeordneten gesamtgesellschaftlichen Zusammenhang. Es unterbleibt ein kritisches Hinterfragen der Angebotsstruktur und der Bedarfsgerechtigkeit. So gibt es derzeit z.B. große Probleme, nach erfolgtem Entzug im direkten Anschluss eine Therapie aufnehmen zu können. Auch die kontroversen Ansätze in der Drogenpolitik, die den gesellschaftlichen Handlungsrahmen bestimmen, werden nicht angesprochen.

Beispiel für ein hohes Reflexionsniveau:
D hat ihr Praktikum in einem Jugendzentrum absolviert. Nachdem sie die pädagogische Zielrichtung der Einrichtung beschrieben hat, erläutert sie den Aspekt der Vernetzung der Jugendarbeit, die im Rahmen ihrer Einrichtung einen hohen Stellenwert einnimmt. In ihrem Bericht steht die Auseinandersetzung mit den zentralen Aufgaben der offenen Jugendarbeit, wie sie im SGB VIII § 11 festgelegt sind, im Vordergrund:

> „Die Aufgabe der Jugendarbeit in einem Jugendzentrum ist die Jugendlichen in ihrer Entwicklung zu fördern. Sie sollen befähigt werden zu Selbstständigkeit und gesellschaftlicher Mitverantwortung. Die Mitarbeiter sollen zu sozialem Engagement hinführen und anregen.“ (D, 191)

In diesem Arbeitsfeld beschäftigt sie sich besonders mit präventiven und fördernden Methoden der Jugendarbeit. Diese Methoden sind für sie vordringlich, da diese

> „(....) die Jugendlichen besonders positiv ansprechen und wenig Druck ausüben." (D, 191)

Im Rahmen einer Situationsanalyse arbeitet sie die unterschiedlichen Sichtweisen, Motive und Einstellungen der Akteure: Träger, Mitarbeiter und Adressaten heraus und ergänzt sie um die fachliche Perspektive. Ihre vertiefende Auseinandersetzung gliedert sie in drei Teile. Zunächst setzt sie sich mit entwicklungspsychologischen Theorien (Erikson 1970, Havighurst 1972 u. Ferchhoff und Neubauer 1989 u.a.) auseinander, denn – so argumentiert D – da sich die Jugendlichen

> „(....) in der schwierigen Situation der Adoleszenz befinden, gehe ich auf Entwicklungsphasen der Adoleszenz ein." (D, 200)

Der zweite Aspekt, der beleuchtet wird, ist das pädagogische Konzept in Verbindung mit den rechtlichen Rahmenbedingungen. Im

> „(....) SGB VIII sind die Aufgaben für Jugendhilfeeinrichtungen angegeben. Die Jugendarbeit soll die Jugendlichen fördern, beraten, schützen und sie befähigen soziale Verantwortung zu übernehmen." (D, 201)

Den dritten Aspekt bildet die Auseinandersetzung mit zwei Methoden: dem ressourcenorientierten Empowerment und der Erlebnispädagogik. Bevor sie die einzelnen methodischen Ansätze unter Bezugnahme auf die einschlägige Literatur beschreibt, wird jeweils fachlich begründet, warum die Methode für ihren Handlungsansatz Relevanz besitzt.

Mit Bezug auf Heckmair und Michl (2002) erläutert sie den Ansatz der Erlebnispädagogik. Diese ist für sie

> (....) [e]ine Methode um eine Beziehung zu den Jugendlichen aufzunehmen, sie in ihrer Entwicklung zu fördern und präventiv gegen Suchtmittelmissbrauch zu arbeiten (...)."(D, 265)

Am Ende ihrer Ausführung zur Erlebnispädagogik hebt sie hervor,

> „(....) dass Erlebnispädagogik eine gute Methode ist, um eine Beziehung zu den Kindern und Jugendlichen aufzubauen. Betreuer, Kinder und Jugendliche sind alle genauso erschöpft von einer anstrengenden Schlauchboottour oder einem Segeltörn. Die gemeinsame Erschöpfung, der Kampf mit der Natur und dem eigenen Körper verbinden die Mitglieder." (D, 287)

Die Methode des Empowerment, die der Stärkung individueller psychosozialer Ressourcen dienen soll, wird unter Bezugnahme auf Antonovski (1997) und Lenz (2001) theoretisch verortet:

> „Empowerment meint also einen Prozess, innerhalb dessen Menschen sich ermutigt fühlen, ihre eigenen Angelegenheiten in die Hand zu nehmen, ihre eigenen Stärken und Potenziale – das heißt Ressourcen – zu identifizieren und ernst zu nehmen sowie den Wert selbst erarbeiteter Lösungen schätzen zu lernen.“ (D, 308)

Durch den Empowermentansatz öffnet D ihre Perspektive, da sie sowohl die individuelle Ebene, die soziale Ebene, als auch die strukturelle Ebene betrachtet:

> „Auf der individuellen Ebene zielt der Empowermentansatz auf die Förderung von individuellen Ressourcen wie Selbstbewusstsein, Selbstwertgefühl und Autonomie, die es Menschen erlauben, das Gefühl der Kontrolle über ihr Leben und der Kontrollierbarkeit von Situationen oder sozialen Umständen zu gewinnen. Auf der Ebene von sozialen Netzwerken, Gruppen und Organisationen stößt Empowerment soziale Begegnungen, gemeinsames Planen und Gestalten oder eine gemeinsame Suche nach eigenbestimmten Lebensräumen und Lebensperspektiven an und stiftet damit gegenseitige Unterstützung, Integration und Solidarität. Auf der strukturellen Ebene ermutigt Empowerment Menschen, sich einzumischen und lokale Lebenskontexte mitzuprägen, an sozial relevanten Entscheidungen in der Gemeinde aktiv mitzuwirken oder sich über Initiativen Strukturen mit dem Ziel zu schaffen, die Lebensbedingungen, etwa im Stadtteil zu verbessern.“ (D, 310)

Zum Ende ihres Berichts hin bezieht D ihre theoretischen Erkenntnisse auf die konkrete Arbeit im Jugendzentrum. Sie macht deutlich,

> „(....) dass (es) in der Jugendarbeit immer Jugendliche gibt, die keine Lust oder kein Interesse an den Angeboten haben.“ (D, 389)

D hebt hervor, dass die Jugendlichen den Willen haben müssen, sich zu engagieren und sich selbst für ihre Belange einzusetzen. Die Rolle der professionell Handelnden sieht sie nicht als die des Animateurs für Jugendliche an. Sie stellt aber klar, dass es wichtig ist, dass die Angebote

> „(....) für die Jugendlichen interessant sind. Sie müssen einen Nutzen z. B. Spaß daraus ziehen. Eine Methode um die Interessenslagen der Jugendlichen herauszufinden ist, im Einzugsbereich Jugendliche anzusprechen und zu fragen, was für ein Repertoire an Angeboten ein Jugendzentrum haben soll.“ (D, 390)

Die Methode des ressourcenorientierten Empowerment beinhaltet für D die Möglichkeit,

> „(....) die Jugendlichen auf ihre Ressourcen hinzuweisen. Sie lernen dadurch, dass sie Fähigkeiten haben ihre Aufgaben im Leben zu meistern." (D, 390)

D verknüpft die Erkenntnisse, die sie aus ihrer Auseinandersetzung mit den Entwicklungsphasen gewonnen hat, mit ihrem Methodenverständnis. So hebt sie hervor, dass

> „(....) Jugendliche in der Adoleszenz sich nicht anerkannt fühlen in ihrer Identität und ihren Fähigkeiten. Das ressourcenorientierte Empowerment vermittelt ihnen das Gefühl, dass sie Fähigkeiten haben und stärkt so ihr Selbstwertgefühl." (D, 391)

Auch die Wahl der Methode der Erlebnispädagogik wird unter Bezugnahme auf die Ergebnisse der Auseinandersetzung mit der Adoleszens begründet. Dem Bedürfnis von Adoleszenten nach sinnvollen Primärerlebnissen wird in der Theorie hohe Relevanz beigemessen. Da diese Erkenntnis von der Erlebnispädagogik aufgegriffen wird, ist D

> „(....) der Meinung, dass die Erlebnispädagogik besonders gut (für Adoleszente) geeignet ist." (D, 396)

Abschließend betont D die Notwendigkeit, sich als Jugendarbeiterin für die Veränderung der Gesellschaft zu engagieren. Sie wählt hierfür Themen, die in der Jugendarbeit hohe Relevanz haben.

> „Ich denke in der Jugendarbeit ist es wichtig auch Verhältnisse in der Gesellschaft zu verändern. Das Einsetzen für Mindestkleidergrößen bei Modenschauen und Verbot von gewalttätigen Videos halte ich für politische Ziele der Jugendarbeit." (D, 397)

D gelingt es in ihrem Praktikumsbericht verschiedene Ansätze und Theorien miteinander zu verknüpfen. So bilden Erkenntnisse der Entwicklungspsychologie den Maßstab für die Auswahl geeigneter Methoden in ihrem Handlungsfeld. Die Methoden sind wiederum nicht nur auf die rasche Befriedigung spontaner Bedürfnisse ausgerichtet. Sie orientieren sich am gesellschaftlichen Auftrag, den Sozialisationsanforderungen der Gesellschaft und den Bedürfnissen der Jugendlichen. Neben den Rahmenbedingungen in der Jugendarbeit wird außerdem eine gesellschaftspolitische bzw. jugendpolitische Verortung der Jugendarbeit vorgenommen. D hat sich folglich mit ihrem Arbeitsfeld und arbeitsfeldbezogenen Methoden vertiefend auseinandergesetzt und eine offene Perspektive eingenommen.

5.6.6.3 Reflexion der eigenen Einstellung bzw. des eigenen Selbstbildes und Professionsverständnisses

In dieser Kategorie wird untersucht, ob die Studierenden ein eigenes Verständnis ihrer Berufsrolle und die Fähigkeit zur Rollendistanz entwickeln. Erkenntnisleitend ist die Frage, ob sich ihre subjektiven Präferenzsysteme in der Auseinandersetzung mit professionellen Werten und Standards herauskristallisieren. Die kritische Reflexion des eigenen Normen- und Wertesystems ist von grundlegender Bedeutung für die Soziale Arbeit. Dieses System wird biografisch angeeignet und bildet die Hintergrundfolie für das professionelle Handeln. Nur durch die reflektierte Betrachtung des eigenen Norm- und Wertehintergrunds ist der professionell Handelnde in der Lage zu erkennen, wo die eigenen Vorstellungen zur Handlungsmaxime für den Klienten umformuliert werden. Sonst läuft der professionell Handelnde Gefahr, den eigenen Lebensentwurf mit seinen Präferenzen als Maßstab für das Leben des Klienten zu nehmen.

Ein weiterer Aspekt dieser Kategorie ist die Art und Weise, wie mit dem Problem von Nähe und Distanz zwischen dem Professionellen und dem Klienten umgegangen wird. Nach Dörr und Müller geht es in der sozialen Arbeit um das subjektiv für richtig erachtete Maß von Nähe und Distanz in der professionellen Beziehung (vgl. Dörr u. Müller 2006, 7). Der reflektierte Umgang mit diesem Spannungsfeld pädagogischer Professionalität prägt die erfolgreiche Annahme der Berufsrolle. So sind professionell Handelnde nur in der Lage, die Probleme bzw. die Lebenssituation von Klienten zu erfassen, wenn sie sich einerseits persönlich in die Beziehung einbringen, intuitiv agieren und so Nähe erzeugen, andererseits eine Situation schaffen, die durch Offenheit und distanzierte Akzeptanz des Gegenüber charakterisiert wird (vgl. Nagel 2000, 366ff).

Auswertung der Kategorie „Reflexion der eigenen Einstellung bzw. des eigenen Selbstbildes und Professionsverständnisses“

In 13 Berichten (39%) sind Aussagen zur eigenen Einstellung bzw. zum eigenen Selbstbild und zum Professionsverständnis (eigene Moral- und Ethikvorstellungen, eigene Norm- und Wertvorstellungen, Umgang mit Nähe und Distanz, Rollenverständnis) enthalten.

Die Aussagen wurden in folgende Reflexionsniveaus eingruppiert:

2 x hohes Reflexionsniveau	(GS 0 : HS 0 : BP 2)
8 x mittleres Reflexionsniveau	(GS 2 : HS 3 : BP 3)
3 x geringes Reflexionsniveau	(GS 1 : HS 1 : BP 1)

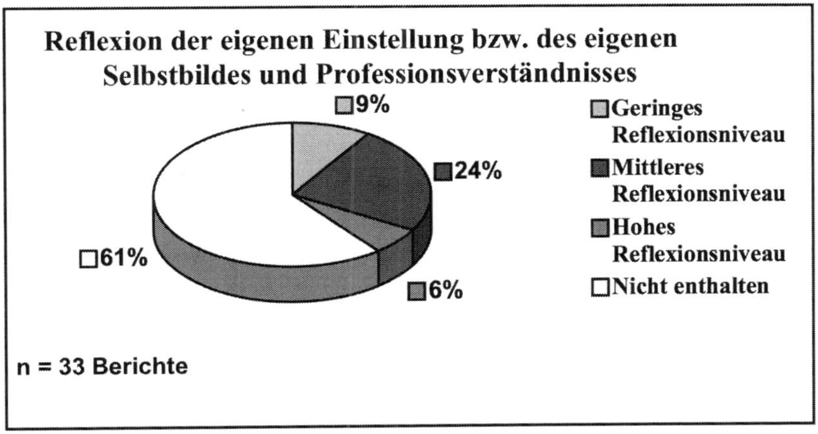

Abb. 9: Reflexion der eigenen Einstellung bzw. des eigenen Selbstbildes und Professionsverständnisses

Den Daten lässt sich entnehmen, dass die Auseinandersetzung mit diesen Themen im Studienverlauf zunimmt. Wurden Aspekte aus diesem Merkmalsraum im Grundstudium nur in drei Berichten aufgegriffen, sind es im Hauptstudium 4 Berichte und im Berufspraktikum bereits 6 Berichte. Außerdem steigt mit dem Ausbildungsstand auch das Reflexionsniveau, denn nur im Berufspraktikum erreicht die Reflexion in 2 Berichten das hohe Niveau.

Auch hierfür liegt ein Erklärungsansatz in der längeren Dauer der Praxisphase im Berufspraktikum, die durch Reflexionsseminare an der

HAWK begleitet wird. Den inhaltlichen Schwerpunkt dieses Seminartyps, der von den Studierenden mit 10 Tagen belegt werden muss, bildet die intensivere Auseinandersetzung mit dem eigenen Verständnis von Berufsrolle, Berufsethik sowie dem eigenen Norm- und Werthorizont.

Beispiel für ein mittleres Reflexionsniveau:
E betreut im Rahmen ihres Praktikums Jugendliche, die im Rahmen vom FSJ Auslandseinsätze durchführen. Sie ist mit der Leitung von Vor- und Nachbereitungsseminaren betraut. Im Rahmen dieser Aufgabe steht die Reflexion ihrer Rolle als Leiterin im Zentrum des Berichts.

Während eines Seminars stellt E fest, dass sich ihr Verhalten zu den TeilnehmerInnen verändert:

> „Ich habe bemerkt, dass während der Woche die Beziehung zu den Teilnehmern zunehmend freundschaftlicher und damit auch lockerer wurde. Je näher das Ende rückte, desto schwieriger wurde es, die Teilnehmer zu einem pünktlichen Beginn zu bewegen." (E, 102)

Sie spürt einen Konflikt mit ihrer Leitungsrolle, da die vorbereiteten Inhalte nicht adäquat bearbeit wurden, bzw. nicht alle TeilnehmerInnen die Möglichkeit zur Berichterstattung hatten. E stellt fest, dass dies mit ihrem ungeklärten Verständnis von Distanz und Nähe zusammenhängt. Sie beschließt auszuprobieren,

> „(....) wie viel Nähe und Distanz für meine Art der Seminarführung angemessen sind." (E, 102)

Klarheit verschafft sie sich durch eine theoretische Auseinandersetzung mit der Thematik der Leitungsfunktion (Kempkes 2003, Rabenstein u.a. 2004). Im folgenden Seminar konnte E

> „(....) sehr deutlich wahrnehmen, dass mir meine Rolle bewusster geworden ist und damit auch klarer für die SeminarteilnehmerInnen. Da der Altersunterschied von mir zu den Seminarteilnehmerinnen in der Regel nicht sehr groß ist, entsteht eine besondere Situation, in der es um so wichtiger ist, Klarheit in der Definition der eigenen Rolle zu haben." (E, 103)

Ihr Selbstverständnis als Leiterin von Seminaren in der Jugend- und Erwachsenenbildung basiert E zufolge auf

> „(...) Freiwilligkeit und (...) Selbstverantwortung der SeminarteilnehmerInnen. Somit überlasse ich ihnen einen Teil der Verantwortung dafür, ob sie während des Seminars Spaß haben oder nicht, ob und wie die zu bearbeitenden Themen durch die aktive Mitarbeit des Einzelnen sich zunehmend interessanter und vielschichtiger gestalten lassen etc..“ (E, 104)

Sie betrachtet es zwar als ihre Aufgabe, ein abwechslungsreiches Angebot für den Seminarrahmen und Seminarablauf vorzubereiten. Die Verantwortung für das tatsächliche Gelingen verortet sie aber auch auf der Seite der TeilnehmerInnen:

> „Ob sie es annehmen, wie sie meine Impulse aufgreifen und damit weiter arbeiten etc. liegt ebenfalls weitgehend im Bereich ihrer Selbstverantwortung und Beteiligung. Liegen nun Bedürfnisse an über Themen zu sprechen, die nicht in dem Seminarprogramm vorgesehen sind und sich nur wenige Teilnehmer dafür interessieren, so überlasse ich es ihnen, die Initiative zu ergreifen und sich stark zu machen, sofern die Voraussetzungen dazu gegeben sind.“ (E, 104)

Die Arbeitsatmosphäre und die Bereitschaft mitzuarbeiten, ist – so E – von Faktoren abhängig, die in Zusammenhang mit den jeweiligen Persönlichkeiten und der Herausbildung von Gruppenbeziehungen stehen. E übernimmt in ihrer Rolle als Leiterin Verantwortung für die Gestaltung des Rahmens, in dem die Gruppenprozesse ablaufen:

> „Indem ich der Gruppe interaktive Übungen und Spiele anbiete, eine angenehme Umgebung gestalte (z.B. durch die Anordnung der Stühle, mit Bildern von den Einsatzstellen etc.) schaffe ich die Grundlage für soziale Prozesse und ein gegenseitiges Kennenlernen (....). Die Themen Kommunikation und Reflexion der eigenen Wahrnehmungsschemata stellen einen wichtigen Inhalt des Seminars dar, und somit bieten die spielerischen interaktiven Gruppenprozesse eine gute Reflexionsgrundlage.“ (E, 105)

In der Delegation von Verantwortung im Sinne der Selbstverantwortung an die SeminarteilnehmerInnen und in der Distanzierung von der Gruppe kann sie ihre Rolle als Leiterin festigen. Sie zieht folgende Bilanz:

> „In dem ich (....) mich zudem an wesentlichen Stellen aus dem Gruppenprozess herausnehme, das Geschehen quasi wie von außen betrachte, ist es möglich, den nötigen Überblick und die erforderliche Distanz herzustellen und zu wahren, um als Leitung der Gruppe anerkannt und respektiert zu werden.“ (E,106)

Der Rollenkonflikt als Leiterin eines Seminars wird im Rahmen eines Ehemaligentreffens nochmals deutlich:

> „Im Nachhinein kann ich darin eine Verbindung zu meiner Rolle in der Ehemaligenarbeit sehen: auf der einen Seite sind die Begegnungen zu den Ehemaligen oft freundschaftlicher Art und das Treffen hat einen starken informellen Charakter. Auf der anderen Seite bin ich die Verantwortliche und Repräsentantin des Trägers. Um beiden Ansprüchen gerecht zu werden, muss ich ständig präsent sein und viel stärker noch als während der Seminare auf die Ideen, Impulse und Wünsche der Ehemaligen eingehen und dabei dennoch den angemessenen Rahmen bieten." (E, 262)

E hat sich im Rahmen ihres Praktikums intensiv mit ihrer neuen Berufsrolle, die durch die Leitung von Seminaren und die damit verbundene Repräsentation ihrer Einrichtung geprägt ist, auseinandergesetzt. Der Aspekt der Nähe und Distanz stand dabei im Vordergrund. Andere wesentliche Leitungsaspekte (z. B. Führen und Leiten, Kontrolle und Macht, Zielsetzung und Leitbild) werden in der Reflexion nicht angesprochen. E ist in der Lage, ihr Handlungsspektrum zielgerichtet zu erweitern. Eine Auseinandersetzung mit ihrer Berufsrolle und ihrem beruflichem Selbstbild, mit den zugrunde liegenden eigenen Normen und Werten gelingt ihr jedoch nur partiell. Der Teilbereich „Leitungsfunktion" wird zwar theoriegeleitet reflektiert, bildet jedoch nur einen Ausschnitt der Berufsrolle. Insofern nimmt E eine geschlossene Perspektive, die dem mittleren Reflexionsniveau entspricht, ein.

Beispiel für ein hohes Reflexionsniveau:
F hat ihr Praktikum in einer psychiatrischen Klinik im Sozialdienst absolviert. Im Rahmen ihres Berichtes hat sie sich fundiert mit den verschiedenen Aspekten, Rollen und Aufgaben als Sozialarbeiterin auseinandergesetzt. Zu Beginn ihrer Ausführungen verdeutlicht sie ihren Standpunkt, den sie in Anlehnung an Dörner, Hirsch und Kruse als ganzheitliche Betrachtungsweise in der Psychiatrie fasst:

> „Denn, weder ausschließlich medizinisch-naturwissenschaftliche oder psychologische oder soziale Erklärungsmuster können die Komplexität und die Individualität von psychischen Erkrankungen erklären und dem erkrankten Menschen gerecht werden." (F, 107)

Hieraus leitet sie die Notwendigkeit der Zusammenarbeit in multiprofessionellen Teams her,

„(....) um somit eine ganzheitliche Sicht auf die psychische Störung und ihre Behandlung zu gewährleisten.“ (F, 108)

Ihre Rolle als Sozialarbeiterin in dem multiprofessionellen Team entwickelt sie in Anlehnung an Kruse (1997). Die spezifische Aufgabe der Sozialen Arbeit wird in der Kontrastierung zu den Aufgaben der Ärzte deutlich:

„Während von Ärzten ein hohes medizinisches, aber auch psychologisches Wissen abverlangt wird, müssen SozialarbeiterInnen unter anderem über umfangreiche Kenntnisse von psychosozialen Einflussfaktoren im Bezug auf psychische Störungen verfügen. Psychosozial beschreibt die Wechselwirkung zwischen der sozialen und soziokulturellen Umwelt und dem Erleben, Verhalten und Deuten des einzelnen Menschen.“ (F, 109)

Als Sozialarbeiterin – so betont sie – sollte man sich bewusst sein, dass der Gesundheitszustand vom Erleben und Verhalten des Menschen in seiner spezifischen sozialen und soziokulturellen Umwelt entscheidend beeinflusst wird.

„Dabei geht es nicht nur um die aktuelle Lebenslage, sondern auch um die biographisch gemachten Erfahrungen und Bewältigungsstrategien von Brüchen im Lebenslauf und in Krisen.“ (F, 110)

Am Beispiel der Sozialanamnese weist F darauf hin,

„(....) dass ältere Menschen zum Beispiel häufig Risiken ausgesetzt sind, die zum Verlust der Autonomie führen können. Beispielhaft zu nennen wäre Armut, Behinderung, kognitive Einbußen sowie die Auseinandersetzung mit der Endlichkeit des Lebens und dem damit verbundenen Verlust geliebter und/oder wichtiger Menschen wie auch der eigene Tod und die nicht nur im Alter einsetzende Einsamkeit und Isolation sind zu berücksichtigende Aspekte bei der Behandlung psychisch erkrankter, älterer Menschen.“ (F, 115)

Ausgehend von der Individualität der PatientInnen und der psychischen Störungen beschreibt F die Zielsetzung ihrer Arbeit im Sozialdienst in der Psychiatrie:

„Jede sozialarbeiterische Intervention in der Einzelfallhilfe (erfordert) eine individuelle Herangehensweise. Ziel dieser Intervention ist es, den/die PatientIn bei der Lösung seiner/ihrer sozialen Probleme und seiner/ihrer Bemühungen um Entwicklung und Wachstum zu unterstützen. Des weiteren Hilfestellungen bei der Suche und Umsetzung von angemessenen Strategien, die ihn/ihr helfen notwendige Ressourcen zu erschließen und zu nutzen, zu unterstützen.“ (F, 147)

Im Bericht beschreibt sie im Anschluss das Aufgabenspektrum des Sozialdienstes sehr ausführlich. Die einzelnen Aufgaben der Sozialen Arbeit werden dabei immer im Spannungsverhältnis zwischen der Stärkung der Selbsthilfepotentiale und der Notwendigkeit der professionellen Unterstützung betrachtet. Dass diese Arbeitsweise einen reflektierten Umgang mit Distanz und Nähe voraussetzt, wird von F klar benannt. Die Aufarbeitung in der Supervision belegt den reflexiven Umgang mit dieser Problematik:

> „Eine besondere Schwierigkeit (....) bestand für mich in der Gratwanderung zwischen persönlicher Sympathie und Empathie und dem professionellem Handeln, so dass ich (....) sehr froh war, das ich supervisorisch begleitet wurde.“ (F, 231)

Auch Konflikte in der Kooperation mit den anderen Berufsgruppen werden im Bericht angesprochen. Wesentlich ist, dass F diese nicht auf der persönlichen Sympathie-Antipathie-Ebene verortet, sondern auf unterschiedliche Menschenbilder und Behandlungskonzepte zurückführt. Trotz ihrer formalen Abhängigkeit hebt F jedoch hervor, dass sie auf der Grundlage ihrer Fachlichkeit nicht ohne Einflussnahme bleiben muss. Sie stellt fest, dass sie sich in ihrer Arbeit immer

> „(....) wieder in einen Aushandlungsprozess (..) begeben (muss): auf der einen Seite die Sichtweise von Sozialtherapie zu vermitteln und auf der anderen Seite meine Grenzen zu erkennen und auch zu akzeptieren. Dafür ist es notwendig sich selbst und seiner Professionalität sicher zu sein.“ (F, 234)

Zum Abschluss ihres Berichts räumt sie ein, dass sie die Arbeit mit Menschen, die an psychischen Störungen erkrankt sind, vor neue Herausforderungen gestellt hat,

> „(....) sei es durch die unterschiedlichen sozialarbeiterischen Herausforderungen der Einzelfallhilfe und der sich ändernden gesetzlichen Grundlagen oder beim Versuch biographisch und ressourcenorientiert zu arbeiten.“ (F, 235)

Als Fazit arbeitet sie heraus, welche Kompetenzen für sie in der Arbeit im Sozialdienst grundlegend sind:

> „Ein Arbeitsfeld, welches viel Empathie erfordert, bei gleichzeitiger Abgrenzung von dem Leid der PatientInnen. Es erfordert Fingerspitzengefühl und Durchsetzungsvermögen im Umgang mit anderen Professionen. Es erfordert eine eigene Auseinandersetzung im Bezug auf

> die Definition von Krankheit und Gesundheit und in Zeiten des Sozialabbaus eine deutliche Positionierung für den Erhalt und die Verbesserung des Sozialstaates. Sozialarbeit ist und bleibt eine Menschenrechtsprofession, auch wenn ihre gesellschaftlich zugeschriebene Rolle immer wieder auch die der Kontrollinstanz ist. Gerade im Bereich der Psychiatrie müssen wir, als Teil des Systems und als Professionelle uns mit den Ausgrenzungsprozessen und Stigmatisierungen von psychisch erkrankten Menschen auseinandersetzen und unser Handeln dahingehend überprüfen." (F, 236)

Der Bericht von F ist von einer vertiefenden Auseinandersetzung mit dem eigenen Selbstbild und Professionsverständnis geprägt. Sehr differenziert geht sie auf die unterschiedlichen Aspekte ihrer Tätigkeit ein und entwickelt mit Bezug zur Theorie ein eigenes berufliches Selbstverständnis. Dieses basiert auf einer multiperspektivischen Sichtweise. Die Ebenen der Kooperation mit anderen Berufsgruppen mit einer eindeutigen Positionierung als Vertreterin der Profession der Sozialen Arbeit und die notwendige Verortung in den gesellschaftlichen Kontext werden von ihr ebenso berücksichtigt wie die Besonderheiten des Einzelfalles.

5.6.6.4 Reflexion der Lebensbedingungen der Klienten

Kenntnisse über die Lebenslage und Lebensbedingungen der Adressaten der Sozialen Arbeit sind für das professionelle Handeln von grundlegender Bedeutung. Ohne Verständnis der Lebenssituation der spezifischen Zielgruppen lassen sich sozialarbeiterische Kommunikationsprozesse sowie sozialarbeiterische Interventionen nicht erfolgreich gestalten.

Wendt hat das Lebenslagenkonzept, das von Neurath (1937) ausgearbeitet und von Weisser in einem sozialpolitischen Kontext weiterentwickelt wurde, in die Soziale Arbeit eingeführt. Wendt betrachtet die Lebenslage als relationalen Zusammenhang aus „äußeren" Lebensbedingungen und „inneren" Zuständen, in die das Individuum verstrickt ist. Zu den äußeren Lebensbedingungen zählt Wendt den gesellschaftlichen und kulturellen Lebenshintergrund des Individuums. Die inneren Zustände fasst er als die kognitiven und emotionalen Deutungs- und Verarbeitungsmuster des Individuums zusammen (vgl. Wendt 1988, 79ff). In Anlehnung an die soziologische Theorie von Bourdieu können die äußeren Bedingungen auch als das dem

Individuum zur Verfügung stehende ökonomische, soziale und kulturelle Kapital begriffen werden. Die inneren Zustände betrachtet Bourdieu als eine Variante des kulturellen Kapitals. Unter diesem inkorporierten Kapital versteht er einen Habitus, der durch Verinnerlichung von Werten und Normen zu einem festen Bestandteil der Person geworden ist (vgl. Bourdieu 2001, 114).

Um die Lebenssituation anderer erfassen zu können, ist ein hohes Maß an Empathie erforderlich. Rogers (1980) hat die Bedeutung dieses einfühlenden Verständnisses für den sozialen und therapeutischen Bereich herausgearbeitet. Die Fähigkeit zur Empathie gilt mittlerweile als eine grundlegende Voraussetzung für das professionelle Handeln in der Sozialen Arbeit. Finkeldey gibt jedoch zu bedenken, dass das Verstehen der Lebensäußerungen der Klientel häufig auf einer Illusion basiert. In Anlehnung an Bourdieu geht er davon aus, dass an einer Interaktion/ Kommunikation Beteiligte nur das verstehen, was den biografisch angeeigneten Erfahrungen und Denkmustern der beteiligten Individuen entspricht. Die Interpretation der Lebensäußerungen der Klienten durch den professionell Handelnden wird auf der Basis eines vermeintlichen Verständnisses vorgenommen (vgl. Finkeldey 2007, 19; Bourdieu 1997, 780ff). Die Reflexion der eigenen biografisch angeeigneten Interpretationsmuster ist eine Voraussetzung, um Verstehen zu ermöglichen. Eine weitere bildet das vertiefte und vorurteilsfreie Einlassen auf die unbekannten und fremden Lebenswelten der Klientel. Die sinnliche Wahrnehmung der anderen Lebenswelten ist dazu ebenso erforderlich wie die Heranziehung methodisch erhobener Daten (Statistiken) und die Auseinandersetzung mit sozialwissenschaftlichen Theorien, die diese Lebenswelten verallgemeinernd erfassen und beschreiben.

Im Kontext dieser Arbeit wurden Aussagen zur Lebenswelt, Lebenslage und Lebenssituation der Zielgruppen der Sozialen Arbeit in die Kategorie aufgenommen. Werden im Bericht lediglich allgemeine Merkmale der Zielgruppe (Alter, Geschlecht Nationalität) genannt, wurde ein geringes Reflexionsniveau konstatiert. Werden einzelne Aspekte der Lebenswirklichkeit der Klienten erfasst und in Bezug zu einer sozialwissenschaftlichen Theorie gesetzt, wird ein mittleres Reflexionsniveau angenommen. Wird die Lebenssituation vielschichtig erfasst und in Verbindung zu unterschiedlichen sozialwissenschaftlichen Ansätzen analysiert, wird ein hohes Reflexionsniveau zugrunde gelegt.

Auswertung der Kategorie „Reflexion der Lebensbedingungen der Klienten"
In allen 33 Berichten (100%) konnten Eingruppierungen in die Kategorie „Reflexion der Lebensbedingungen der Klienten" (Antizipation der Lebenslage der Klienten) vorgenommen werden.

Die Eingruppierung erfolgte in folgende Reflexionsniveaus:

2 x hohes Reflexionsniveau	(GS 0 : HS 1 : BP1)
13 x mittleres Reflexionsniveau	(GS 3 : HS 4 : BP6)
18 x geringes Reflexionsniveau	(GS 8 : HS 6 : BP4)

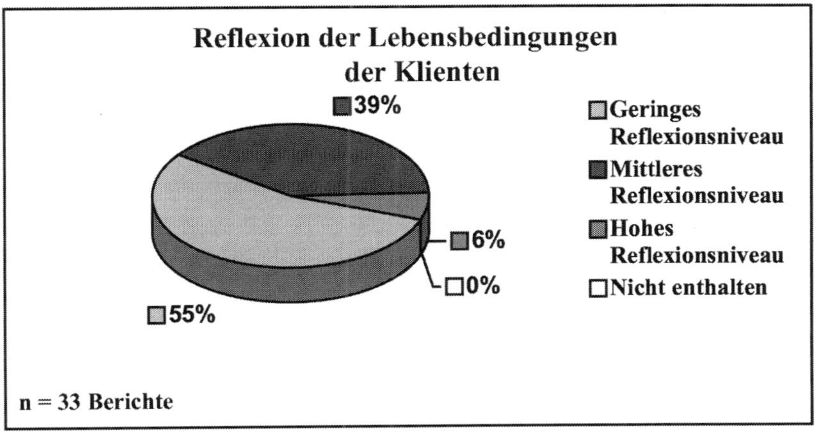

Abb. 10: Reflexion der Lebensbedingungen der Klienten

Auffallend ist, dass nur in einem Bericht im Hauptstudium und in einem Bericht im Berufspraktikum das hohe Reflexionsniveau erreicht wurde. Beim mittleren Reflexionsniveau zeichnet sich eine leichte Steigerung im Studienverlauf ab. Im Grundstudium konnten 3 Berichte, im Hauptstudium 4 Berichte und im Berufspraktikum 6 Berichte diesem Niveau zugeordnet werden.

Ein Erklärungsansatz für das Aufgreifen dieser Thematik durch alle Studierenden lässt sich aus der Strukturvorgabe der Fakultät (Studienordnung) für die Erstellung von Praktikumsberichten herleiten, da jeder Bericht Aussagen zu den Adressaten der Sozialen Arbeit enthalten muss.

Beispiel für ein mittleres Reflexionsniveau
G war im Rahmen ihres Praktikums in einer kommunalen Jugendberatungsstelle tätig. Diese Einrichtung wird zur Jugendsozialarbeit gezählt. Aus diesem Grund setzt sich G zunächst allgemein mit der Klientel dieses Arbeitsfelds auseinander:

> „Die Zielgruppen der Jugendsozialarbeit sind sozial benachteiligte und/ oder individuell beeinträchtigte junge Menschen. Mit sozialer Benachteiligung sind alle Faktoren gemeint, die eine Minderung der Chancen auf gleichberechtigte Teilhabe an der Gesellschaft bewirken. Dies kann bei jungen Menschen zum Beispiel familiär, durch das soziale Umfeld, geschlechtsspezifisch, ethnisch, durch Migration oder bildungsbedingt sein." (G, 28)

Im Anschluss benennt G Faktoren, die eine soziale Benachteiligung bedingen. Neben der Herkunft aus sozial problematischen Familien führt sie fehlende oder schlechte Schulabschlüsse und mangelnde oder unzureichende Sprachkenntnisse an. Als weitere Faktoren, die die Lebenslage der Zielgruppe charakterisieren, werden

> „(....) familiäre Armut, Straffälligkeit, Arbeitslosigkeit, Wohnungsnot, Verschuldung, Mutterschaft, Migration, Familienprobleme, Analphabetismus und Schulschwänzen (....)"(G, 29)

genannt. Den insgesamt steigenden Unterstützungsbedarf von Jugendlichen führt G auf die aus vielerlei Gründen überforderten oder gar desinteressierten Eltern zurück, deren Erziehungsleistungen den Anforderungen nicht (mehr) gerecht werden.

Nach diesen eher allgemeinen Aussagen zur Zielgruppe der Jugendsozialarbeit geht G auf die Rat suchenden jungen Menschen ein, die die Beratungsstelle konsultieren. Sie stellt fest, dass in der Regel eine komplexe Problemkombination bei den Jugendlichen vorhanden ist.

> „Als individuelle Beeinträchtigungen bezeichnet man bei einzelnen Personen auftretende psychische, physische und sonstige individuelle Bedingungen, die sich chancenverringernd auf das Leben der besagten Person auswirken. Auch aus sozialen Benachteiligungen können sich individuelle Beeinträchtigungen entwickeln. Hierfür können zum Bei-

spiel Alkohol- oder Drogenprobleme, Behinderungen, psychosoziale Probleme, familiäre Schwierigkeiten, seelische Erkrankungen oder auch Gesellschaftsverweigerung, zum Beispiel aufgrund religiöser Denkweisen eine Rolle spielen. Aktuelle Erscheinungsbilder für Gesellschaftsverweigerung sind beispielsweise auch Jugendliche, die ein Bestandteil einer besonderen Jugendkultur sind (Punks, Skins, etc.) und daher gesellschaftliche Ausgrenzung erfahren.“ (G, 31)

Die Beratungsstelle führt eine umfassende Statistik, aus der G zitiert:

„Im Jahre 2003 suchten insgesamt 308 Ratsuchende die Beratungsstelle auf, wobei die Geschlechterverteilung in etwa ausgeglichen war: 45 % weiblich, 55 % männlich. Bei der Alterstruktur lassen sich eindeutig Schwerpunkte ausmachen, dabei waren ca. ¾ der Ratsuchenden zwischen 16 und 21 Jahre alt. Von den 308 der Jugendlichen und jungen Erwachsenen haben ungefähr 34 % einen Migrationshintergrund (....).Der „Bildungshintergrund“ der Ratsuchenden liegt bei ca. 75 % mit einem Hauptschulabschluss oder einem im Bildungssystem niedriger eingestuften Schulabschluss (Sonderschulabschluss/ gar keinen Schulabschluss), die restlichen 25 % haben einen Realschul- oder höheren Bildungsabschluss.“ (G, 41 - 42)

Aufgrund der statistischen Daten stellt G fest, dass

„(...)die meisten Ratsuchenden zwischen 16 und 21 Jahren alt [sind]. In diesem Alter befinden sich die jungen Menschen im „Jugendalter“, das sich durch den Drang nach Autonomie, Emanzipation und Verselbstständigung auszeichnet.“ (G, 84)

Eine vertiefende Auseinandersetzung mit sozialwissenschaftlichen Theorien zum Jugendalter nimmt G nicht vor. Im weiteren Verlauf des Berichts wird jedoch deutlich, dass G eine hohe Sensibilitität für den spezifischen biografischen Hintergrund ihrer Klienten entwickelt hat. In ihrer Diagnose findet der biografische Kontext eines Ratsuchenden Berücksichtigung:

„Sämtliche Lebensbereiche sind dafür von Bedeutung: der Familienverband, Schule/ Ausbildung, Freizeitverhalten und Hobbies, überhaupt alles was mit jugendtypischer Lebensgestaltung zu tun hat wie zum Beispiel Musik und Zugehörigkeit zu „jugendlichen Subkulturen“.“(G, 87)

Dass für die Erschließung der Lebenssituation auch die bewusste Wahrnehmung der nonverbalen Kommunikation von Bedeutung ist, verdeutlicht G im Anschluss:

„Auch das genaue Beobachten von Körpersprache ist ein wichtiger Punkt während des Beratungsprozesses, denn Gestik und Mimik wird

> unbewusst ausgeführt und lässt sich nicht abstellen bzw. auch nur sehr bedingt verschleiern. So kommt es häufig vor, dass man als Berater allein aus der Körpersprache/ -haltung Rückschlüsse auf beispielsweise erlebte physische und/ oder psychische Gewalt (z.B.: traumatische Erlebnisse, Missbrauch) ziehen kann. Dies ist überwiegend bei weiblichen Ratsuchenden häufig zu beobachten.“ (G, 88)

Die Reflexion der Lebensbedingungen der Zielgruppe von G basiert auf umfangreichen Kenntnissen der Lebenslage Jugendlicher in unserer Gesellschaft. Ein Bezug zur sozialwissenschaftlichen Theorie wird aber nur in Ansätzen hergestellt. Eine vertiefende Auseinandersetzung mit dem Jugendalter oder Erklärungsansätzen von sozialer Benachteilung/ sozialen Problemlagen unterbleibt.

Beispiel für ein hohes Reflexionsniveau
In ihrem Bericht über ein Praktikum in einer Freizeiteinrichtung für Kinder und Jugendliche reflektiert H die Lebensbedingungen von Jugendlichen in unserer Gesellschaft. Bereits am Anfang ihrer Zielgruppenbeschreibung stellt H fest, dass die Kinder und Jugendlichen über verschiedene Lebenshintergründe verfügen:

> „Sie kommen aus unteren Schichten, aber auch aus mittleren und höheren Schichten. Es gibt keine Tendenz. Unter den Kindern und Jugendlichen gibt es auch Kinder und Jugendliche mit Verhaltensauffälligkeiten, aber das Casa ist keine spezielle Einrichtung für Kinder und Jugendliche mit Verhaltensauffälligkeiten.“ (H, 130 - 131)

Da H den Schwerpunkt ihrer Ausarbeitung auf die Arbeit mit Jugendlichen gelegt hat, die sich in der Adoleszenz befinden, setzt sie sich zunächst mit den Entwicklungsphasen der Adoleszenz auseinander:

> „In der Studie „Jugend ′97“ ist Jugend definiert als eine einmal subjektive biographische Lebensphase, in der Aufgaben der inneren Entwicklung, des Lebens, der Identitätsbildung anstehen; sie ist zum anderen eine gesellschaftlich bestimmte Lebenslage, abhängig von gesellschaftlichen Bedingungen und Erwartungen, vor allem aber von der Zukunft und Zukunftsfähigkeit der zentralen Regelungen und Grundlagen unserer Arbeitsgesellschaft.“ (H, 210)

Nach Havighurst müssen Jugendliche auf dem Weg zum Erwachsenwerden verschiedene Entwicklungs- bzw. Handlungsaufgaben bewältigen. Havighurst benennt acht Aspekte, die von H in ihrem Bericht zusammengefasst werden. Diese „klassischen“ Entwicklungsaufgaben ergänzt H um drei Aspekte von Ferchhoff und Neubauer (1989). Da in den bisher gemachten Ausführungen zu den Entwicklungsaufgaben in der Adoleszenz

> „(....) die sozialen Strukturen, materiellen Lebensbedingungen und aktuelle jugendspezifische Lebenslagen (....)“ (H, 226)

berücksichtigt werden, bezieht H weitere Forschungsergebnisse von Ferchhoff (1993) in ihre Ausführungen mit ein. Im Anschluss stellt H weitere Aufgaben und Entwicklungen im Verlauf der Pubertät dar. Sie bezieht sich hier auf die Modelle von Eriksen (1970), Schenk-Danzinger (1972) und Nagl (2000). In Anlehnung an Eriksen und Schenk-Danzinger stellt sie fest:

> „Die Identitätsfindung ist für die Jugendlichen unter den schnellen Wechsel von Wertmaßstäben, Orientierungen, Moden und Lebensstilen immer schwieriger und ist daher eines der größten Probleme in der Pubertät.
>
> Jugendliche sind heute zu einer individualisierten Identitätsbildung gezwungen. Das persönliche der Identität verliert ihre Selbstverständlichkeit. Unter der fehlenden Eindeutigkeit und der Konturlosigkeit des gesellschaftlichen Wertesystems ist es schwerer eine Identität zu konstruieren. Andererseits haben die Jugendlichen aber mehr Freiheiten durch eine größere Vielfalt an Dispositionsspielräume für eigene Identitätsentwürfe.“ (H, 234 - 235)

In Anlehnung an Nagl (2000) hebt H hervor, dass Jugendliche ihre eigene Identität wie ein Puzzle konstruieren. Sie übernehmen häufig durch die Medien (Fernsehen, Musik, Werbung, Konsum und Mode) vermittelte ausdifferenzierte Lebensstile. Hierbei gehen primäre Erfahrungen verloren, die – so H – erforderlich sind,

> „(....) um eine Identität zu konstruieren. Sie brauchen verhaltenstabilisierende Elemente, in den unmittelbaren Lebenszusammenhängen: Personen als Vorbilder, Werte, die eine Orientierung erlauben, Lebensgewohnheiten, Gemeinschaften und Institutionen, die Sicherheit für das Alltägliche vermitteln. Diese Elemente müssen überzeugend von der Gesellschaft vermittelt werden um identitätsfördernd zu wirken.“ (H, 237)

Unter der Überschrift „Suche nach Anerkennung, Beachtung und Status“ arbeit H einen weiteren wichtigen Aspekt der Lebenssituation der Jugendlichen heraus. Die Funktion der Peer-Groups wird hierbei besonders betont:

> „Es gibt kaum Möglichkeiten für Jugendliche ihr Autonomiebedürfnis ausreichend zu befriedigen. In ihren Grundbedürfnis nach sozialer Annerkennung wenden sie sich vorwiegend den Gleichaltrigen zu. Durch Angleichung an die bevorzugte Jugendszene glauben viele Jugendliche, ihre Identität zu finden, obwohl die häufige „Überidentifikation“ objektiv einen Identifikationsverlust bedeutet (...). Aber die Übereinstimmung sichert den Jugendlichen innerhalb des Freundeskreises die Anerkennung, die ihnen Halt bei der neuen Statussuche gibt und Voraussetzung für einen Statusgewinn ist.“ (H, 241)

Das für diese Statussuche auch der Konsum bedeutsam ist, zeigt H anhand von Forschungsergebnissen von Böhnisch und Winter (1990) auf.

> „Konsum vermittelt ihnen das Gefühl, als vollwertige Käufer anerkannt und akzeptiert zu werden, auch wenn das nur Suggestion ist und von der „Marktfähigkeit“, d.h. den finanziellen Ressourcen der Jugendlichen abhängt.“ Zugehörigkeit wird nach dem Augsburger Armutsbericht über Mode definiert.“ (H, 243)

Auch auf die Schattenseiten dieser Konsumorientierung geht H ein. Denn nur die Jugendlichen, die über ausreichende finanzielle Mittel verfügen, haben Zugang zur Peer-Group.

> „Wer sich bestimmte Statussymbole nicht leisten kann, fühlt sich als Außenseiter. Da die „Werte“ der Peer-groups so wichtig sind für die Jugendlichen, sind sie besonders risikohaft für die, die ausgegrenzt werden und nicht dazugehören dürfen. (H, 243 - 244)

Der Aspekt der Sinnsuche und die Auseinandersetzung mit Glaubensfragen während der Pubertät werden im folgenden Abschnitt von H analysiert.

> „In der Phase der Pubertät fragen sich die Jugendlichen unter anderen, danach „Wozu lebe ich?“. Alles wird hinterfragt, geprüft, abgewägt und die Suche nach einem Daseinsverständnis aufgenommen. (....) Nach dem Sinn zu fragen ist ein Akt der Loslösung aus dem Weltbild der Kindheit.“ (H, 248 - 249)

Zum Abschluss ihrer Annäherungen an die Lebenswelt der Jugendlichen befasst sich H mit dem Aspekt der Sexualität und dem Aufbau partnerschaftlicher Beziehungen:

> „Die Geschlechtsreifung konfrontiert Jugendliche unweigerlich mit ihrer Sexualität und zwingt sie, sich mit dem noch ungewohnten „Geschlechtsleben“ auseinanderzusetzen. Sie müssen nun lernen, mit psychosexuellen Strebungen verantwortungsbewusst umzugehen. Sexuel-

> le Aufklärung und sexuelle Erfahrungen erfolgen vorwiegend unter Gleichaltrigen, die ähnliche sexuelle Bedürfnisse und Bestrebungen haben. Die Jugendlichen übernehmen, aber auch die Haltungen der Medien zur Sexualität auf. Viele Jugendliche bekommen vermittelt, dass sie einem Schönheitsideal entsprechen müssen und fühlen sich deshalb sehr unter Druck gesetzt." (H, 260 - 261)

H setzt sich in ihrer Reflexion sehr ausführlich mit der Lebenssituation von Jugendlichen in unserer Gesellschaft auseinander. Anhand von unterschiedlichen sozialwissenschaftlichen Theorien und Forschungsansätzen erfasst sie die Lebenslage und die notwendigen Entwicklungsaufgaben von Jugendlichen in Pubertät und Adoleszenz. Die Auseinandersetzung mit den vielschichtigen Aspekten belegt die offene Perspektive, die zur Einstufung in das hohe Reflexionsniveau führt.

5.6.6.5 Fall- bzw. Situationsbeschreibung

Der Begriff Fallbeschreibung knüpft an die Tradition von Case-Work, der Einzelhilfe an. Gegenstand einer Falldarstellung kann in Erweiterung der klassischen Einzelhilfe eine Person, eine Personengruppe, eine Organisation oder eine sozioökonomische Einheit sein. Kern der Darstellung ist eine möglichst ganzheitliche Beschreibung und Betrachtung der Situation oder des Problems der Person bzw. der Personengruppe (Müllensiefen 2002a, 310).

Die Arbeit an und mit Fällen bzw. Situationen weist die Charakteristika des beruflichen Handlungsfelds „Soziale Arbeit" auf. „Professionell" Handeln heißt im Kontext der Sozialen Arbeit „methodisch" Handeln. Im Vordergrund der Fallbeschreibung steht das erkenntnisleitende Interesse. Der multiperspektivischen Arbeit mit Fällen kommt aus diesem Grund ein wesentlicher Stellenwert in der Ausbildung zu. Sie knüpft am Erfahrungsschatz der Studierenden an, bildet die Basis, um zum eigenständigen Denken anzuregen und einen professionellen Habitus auszubilden.

Im Kontext der Arbeit wurden Beschreibungen von einzelnen Situationen, einzelnen Augenblicken oder auch komplexe Fallbeschreibungen aus der berufspraktischen Erfahrungswelt der Studierenden in diese Kategorie aufgenommen.

Auswertung der Kategorie „Fall- bzw. Situationsdarstellung"
In 18 von 33 Berichten (54 %) wurde ein Fall bzw. eine Situation geschildert. Der konkrete Fall bzw. die konkrete Handlungssituation enthält eine Vielzahl von Themen und Problematiken, die als Ausgangspunkt bzw. Gegenstand von Reflexion genutzt werden können.

Die im Material enthaltenen Aussagen über Fälle bzw. Situationen konnten in folgende Reflexionsniveaus eingruppiert werden:

2 x hohes Reflexionsniveau	(GS 0 : HS 1 : BP 1)
6 x mittleres Reflexionsniveau	(GS 1 : HS 3 : BP 2)
10 x geringes Reflexionsniveau	(GS 5 : HS 2 : BP 3)

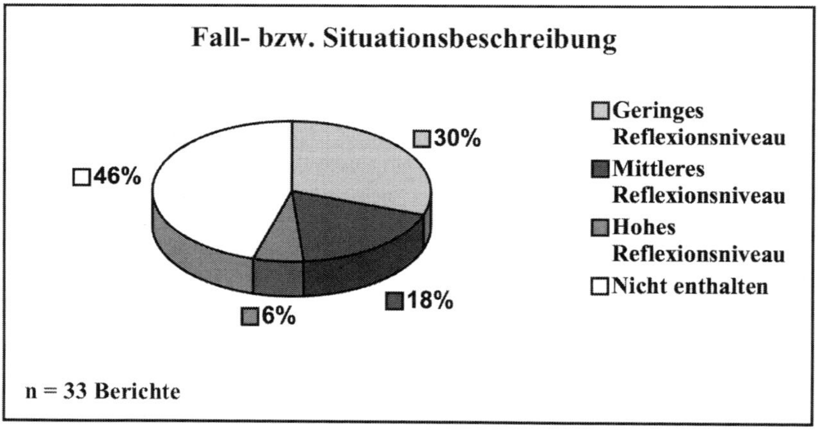

Abb. 11: Fall- bzw. Situationsbeschreibung

In 10 Berichten erfolgt die Interpretation eines Falles. Sie bleibt aber einer alltagstheoretischen Deutung verhaftet. Bezüge zu einer sozialwissenschaftlichen Theorie werden nicht hergestellt. In 8 Berichten ist die Schilderung eines Falles Ausgangspunkt einer theoretischen Auseinandersetzung mit einzelnen im Fall bzw. in der Situation enthaltenen Aspekten. Nur in zwei Berichten gelingt es den AutorInnen den Fall multiperspektivisch zu analysieren und verschiedene Aspekte in der Theorie zu verorten und zu bearbeiten.

Vor allem im Grundstudium gelingt es den Studierenden nicht, einen Fall zum Ausgangspunkt einer theoriegeleiteten Reflexion zu machen. Von den sechs AutorInnen aus dieser Studienphase, die einen Fall schildern, deutet nur eine ihren Fall mit Bezug zur Theorie. Im Hauptstudium ist das Verhältnis ausgeglichener (2 Berichte ohne Deutung, 3 Berichte mit theoriebezogener Deutung, 1 Bericht mit multiperspektivischer Deutung). Im Berufspraktikum wurden 2 Berichte in die Kategorie „Geringes Reflexionsniveau", 3 Berichte in die Kategorie „Mittleres Reflexionsniveau" und 1 Bericht in die Kategorie „Hohes Reflexionsniveau" eingruppiert.

Beispiel für ein mittleres Reflexionsniveau:
I absolviert ein Praktikum beim Allgemeinen Sozialdienst (ASD) im Jugendamt. Sie schildert einen Fall aus der Praxis. Ihr Anliegen ist es, das Problem des professionellen Umgangs mit Kindeswohlgefährdung zu veranschaulichen. Sie wählt hierfür eine klassische Situation aus:

> „Eine 20-jährige Mutter, die früher drogenabhängig war und nun im Methadonprogramm ist, hatte kurz vor dem Beginn meines Praktikums ein Kind bekommen. Wir wurden von der Hebamme informiert und machten mit der Mutter einen Termin für einen Hausbesuch. Bei diesem Besuch war alles zufriedenstellend. Das Kind war wohlauf, die Mutter und der Vater des Kindes wollten sich zusammen eine Wohnung nehmen. (....) Also wurde der Fall zur Seite gelegt." (I, 162)

Nachdem die Situation von Mutter und Kind aus Sicht des Jugendamts eine positive Entwicklung genommen hatte, kommt es plötzlich zu einer krisenhaften Zuspitzung der Lage:

> „Nach zwei Wochen rief die Hebamme an, und erklärte, dass die Mutter sich nicht mehr gemeldet habe. Auch wir haben sie nicht erreichen können und ihr Arzt sagte, dass der Lebensgefährte das Methadon abhole und er sie schon lange nicht mehr gesehen habe." (I, 163)

Ein sofort anberaumter Hausbesuch scheitert. Weitere Versuche der Kontaktaufnahme schließen sich an, sind aber ebenfalls erfolglos. Die Situation spitzt sich zu. Die Sozialarbeiterin und die Praktikantin fürchten um das Wohl des Kindes. Nach einigen weiteren erfolglosen Versuchen gelingt eine erneute Kontaktaufnahme. Die Situation entspannt sich wieder. Mutter und Kind sind wohlauf.

Im Anschluss an die Falldarstellung reflektiert I die Situation. Ihren Fokus legt sie dabei auf die (straf-) rechtlichen Aspekte des Falles, die im Bericht an anderer Stelle aufgezeigt wurden. Die Reflexion mündet in der Feststellung, dass die MitarbeiterInnen des Jugendamtes für Fehleinschätzungen haftbar gemacht werden können:

> „Meine Anleiterin war sehr verunsichert, was sie machen sollte. Wenn sie das Gericht nicht einschalten würde, aber das Kind verwahrlost oder stirbt, würde sie wegen unterlassener Hilfeleistung verklagt werden.“ (I, 167)

In einem zweiten Schritt geht sie stärker auf den Grundkonflikt des professionellen Umgangs mit Kindeswohlgefährdung ein. Die Inobhutnahme wird zwar als ultima ratio aufgezeigt. Doch noch immer stehen die strafrechtlichen Folgen bzw. die Risiken für die SozialarbeiterInnen im Zentrum ihrer Reflexion.

> „Wenn die Mitarbeiter des Fachdienstes Jugend aber reagieren und Kinder aus der Familie holen, werden sie von den Eltern verklagt. Wie handeln sie also richtig? Jede / -r SozialarbeiterIn versucht (....) die Herausnahme des Kindes nur zu vollziehen, wenn es gar nicht anders geht. Dies ist auch nur selten der Fall (....)aber wenn es sein muss, haben sie [die AnleiterInnen] bei jedem Schritt Angst, nicht richtig zu handeln. Die Gesetzte und Strafen sind härter geworden und die Entscheidungen, was für das Kind am Besten ist, schwerer. Für SozialarbeiterInnen bedeutet dies, dass ihr berufliches Handeln mit Risiken verbunden ist.“ (I, 169)

Zusammenfassend lässt sich feststellen, dass I sich mit einem wesentlichen Aspekt ihres Falles theoriegeleitet auseinandergesetzt hat. Eine Erweiterung bzw. ein Perspektivwechsel (Sinn und Zweck des staatlichen Wächteramtes, Wohl des Kindes aus Sicht des Kindes) gelingt ihr nicht. Die Ängste der Fachkräfte, sich in diesen Konfliktsituationen falsch zu verhalten, werden wahrgenommen, aber nur auf mögliche rechtliche Konsequenzen hin durchdacht. Die moralisch-ethische Komponente z.B. verantwortlich für Leib, Leben und Gesundheit des Kindes zu sein, wird nicht thematisiert.

Beispiel für ein hohes Reflexionsniveau:
J absolviert ihr Berufspraktikum bei einem privatgewerblichen Träger, der erlebnispädagogische Angebote offeriert. Sie ist im Leitungsteam für die Anleitung von Teamern zuständig, die in der Einrichtung ein Praktikum absolvieren. Im ersten Teil ihres Berichtes hat sich J mit Bezug auf einschlägige Literatur (Bernler u. Johnson, Ellermann) mit

dem Thema Anleitung und ihrer Rolle als Anleiterin auseinandergesetzt. Anschließend stellt sie folgende Situation vor:

> „Eine Lehrerin, die die Einrichtung schon kennt, ist mit ihrer Erzieherinnenklasse zu uns gekommen, am Abend des ersten Tages stelle ich mich vor und gewinne den Eindruck, dass sie und die Teilnehmer von der pädagogischen Anleitung, dem Programm, Haus, etc. sehr angetan sind." (J, 178)

Bei einem erneuten Besuch der Gruppe zwei Tage später trifft J auf eine aufgebrachte Lehrerin:

> „Die Lehrerin, die am Montag noch vollkommen zufrieden war, macht mir jetzt Vorhaltungen, was wir denn für inkompetente Mitarbeiter hätten; sie und vor allem ihre Klasse sei von dem angebotenen Programm sehr enttäuscht (....) außerdem wären sie davon ausgegangen, mehr auf der Meta-Ebene zu reflektieren und über Einsatzmöglichkeiten von erlebnispädagogischen Maßnahmen in erzieherischen Arbeitsfeldern zu diskutieren." (J, 180)

J macht mit dieser Schilderung deutlich, dass sie neben ihrer Anleitungsfunktion als verantwortliche Repräsentantin der Einrichtungsleitung auch Verantwortung für den erfolgreichen Ablauf des Angebots trägt. Sie nimmt die Rolle an und begibt sich in eine Gesprächssituation mit der Lehrerin:

> „Auf meine Frage, ob das zwischen ihr und den beiden Teamerinnen kommuniziert sei, erwiderte sie, dass sie sich partout nicht vorstellen könne, dass die beiden in der Lage seien, auch solch ein Programm anzubieten." (J, 181)

Der Konflikt setzt J unter Handlungsdruck. Die Teamer hatten tatsächlich wenig Erfahrung mit erwachsenen TeilnehmerInnen. Der Entscheidungsdruck wird größer:

> „Ich fühlte mich unter Druck gesetzt und sah mich gleichzeitig in der Verantwortung, möglichst schnell eine Veränderung bzw. Lösung herbeizuführen, einerseits weil die Lehrerin offensichtlich sehr verärgert war (....), andererseits weil ich auch für die Teamerinnen die frustrierende Situation verändern wollte." (J, 183)

Um die kritische Situation aufzufangen, bietet J folgende Lösung an:

> „Ich bot der Lehrerin (...) an, den Kurs durch eine weitere Person unterstützen zu lassen, die viel Kurserfahrung hat und der ich zutraute, „das sinkende Schiff zu retten"! Die Teamerinnen waren natürlich von

> dieser Lösung nicht gerade begeistert, schließlich unterstellte ich ihnen damit ja Inkompetenz.“ (J, 184 - 185)

In ihrer Reflexion gelingt es J ihre Perspektive zu öffnen. Stand bisher nur die Auseinandersetzung mit ihrer Rolle als Anleiterin und die Funktion von Anleitung im Zentrum ihrer Auseinandersetzung, thematisiert sie nun ihre Leitungsrolle:

> „Diese Situation hat mir gezeigt, wie stark mein pädagogisches oder anleiterisches Handeln von der Kundenzufriedenheit abhängt. (....) Deutlich wird für mich aus dieser Situation auch, dass die Anleitung immer ein Balanceakt zwischen Kundenorientierung und angemessener Praktikumsanleitung darstellt. Die ausschließliche Berücksichtigung der Wünsche der Lehrer führt zu Frustration und Motivationsnachlass der Teamer, handle ich dagegen zu sehr auf Seiten der Teamer, gibt es u.U. Frust oder Enttäuschung von Lehrern, was natürlich für einen gemeinnützigen Verein höchst ungünstig ist.“ (J, 187 - 188)

Neben einer fachlich fundierten guten Anleitung hat sie auch für die Zufriedenheit der Kunden, welche Grundlage für das wirtschaftliche Überleben ihrer Einrichtung ist, Sorge zu tragen. Dass beide Funktionen und Rollen nicht (immer) konfliktfrei auszufüllen sind, ist das Fazit ihrer Schilderung. J ist es somit gelungen, ihre enge, ausschließlich auf Anleitung fokussierte Perspektive für weitere wesentliche Aspekte ihrer Berufsrolle zu öffnen.

5.6.6.6 Arbeitsbündnis

Das Konzept des Arbeitsbündnisses folgt der Annahme, dass der Klient Co-Produzent der Leistung bzw. der Intervention der Sozialen Arbeit ist (vgl. Kap. 4.5). Sowohl der professionell Handelnde, als auch der Klient bringen in die Interaktion wechselseitig unterschiedliche Situationsdefinitionen, Gegenstandsbestimmungen und hieraus resultierende Erwartungen ein. Ziel des Arbeitsbündnisses ist das Herstellen einer gemeinsamen Arbeitsgrundlage bzw. -aufgabe. Diese muss von beiden Partnern für sinnvoll erachtet und akzeptiert werden (vgl. Müller 1991, 97).

Die situations- oder fallbezogene Zweckdienlichkeit des professionellen Handelns ist zwei Bezugssystemen gegenüber rechenschaftspflichtig. Zum einen ist dies das professionelle Referenzsystem, das eine inhaltliche und fachliche Begründung für das Handeln erwartet.

Zum anderen ist es das Referenzsystem der Klienten, die ihre Zustimmung durch nachhaltige Akzeptanz zum Ausdruck bringen.

Das Herstellen und Aufrechterhalten eines Arbeitsbündnisses kann als ethische Strategie gefasst werden. Deren Ziel ist es, ein Arbeitsklima herzustellen, welches sich am Ideal der herrschaftsfreien Kommunikation orientiert und auf Konsens ausgerichtet ist. Es ist eine wesentliche Voraussetzung für eine erfolgreiche professionelle Soziale Arbeit.

Auswertung der Kategorie „Arbeitsbündnis"
In 16 von 33 Berichten (48 %) konnten Inhalte der Kategorie „Arbeitsbündnis" (Gestaltung der Arbeitsbeziehung zwischen dem professionell Handelnden und den KlientInnen) zugeordnet werden.

Die Eingruppierung erfolgte in folgende Reflexionsniveaus:

7x geringes Reflexionsniveau	(GS 3 : HS 3 : BP1)
4x mittleres Reflexionsniveau	(GS 1 : HS 1 : BP2)
5x hohes Reflexionsniveau	(GS 2 : HS 1 : BP2)

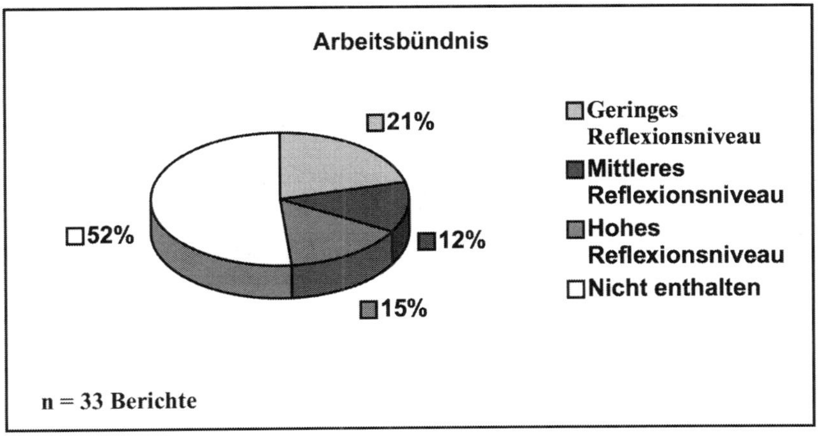

Abb. 12: Arbeitsbündnis

Das Ergebnis der Zuordnung von Aussagen zu diesem Merkmalsraum ergibt ein nahezu ausgewogenes Verhältnis (GS 6 : HS 5 : BP

5). Auch die Einordnung in die verschiedenen Kategorien lässt keine eindeutige Interpretation des Ergebnisses zu.

Eine Auseinandersetzung mit dieser wichtigen Thematik findet nur in 48 % der Berichte statt. Das Herstellen und Aufrechterhalten eines Arbeitsbündnisses ist jedoch Voraussetzung für eine professionelle Soziale Arbeit. Gelingt es nicht, die Beziehung zum Klienten so zu gestalten, dass dieser die Verantwortung für das eigene Handeln übernimmt und gemeinsam mit dem professionell Handelnden Lösungsschritte für das individuelle Problem erarbeitet, wird die Intervention erfolglos bleiben.

Beispiel für ein mittleres Reflexionsniveau:
K, die ihr Praktikum in einer Beratungsstelle für suchterkrankte Menschen absolviert hat, hält fest, dass am Anfang der professionellen Beziehung vertrauensbildende Maßnahmen stehen:

> „Zu Beginn jeder fachlichen Beratung und Behandlung steht der Aufbau einer Vertrauensbasis zwischen der Beraterin und dem Klient. Wichtige Grundlagen für die Beratung sind Verschwiegenheit und Vertraulichkeit, denn nur wenn ein Vertrauensverhältnis zwischen allen Beteiligten entsteht, wird eine erfolgreiche Behandlung wahrscheinlich. Die Mitarbeiter unterliegen der Schweigepflicht.“ (K 89)

Als Voraussetzung von Vertrauen wird der Aspekt der Verschwiegenheitspflicht besonders hervorgehoben. Im Erstgespräch werden primär mögliche Hilfsmaßnahmen erläutert. Dem Klienten wird die Entscheidung, ob ein weiteres Gespräch stattfinden soll, selbst überlassen. Kommen weitere Gespräche zustande, steht die individuelle Situation (persönliche und familiäre Verhältnisse, berufliche Situation, Gründe des Drogenkonsums) des Klienten im Zentrum der Erörterung. Erst dann wird eine professionelle Unterstützung angeboten:

> „Ist es erforderlich, weitere professionelle Hilfe anzunehmen, schlägt dies die Beraterin zunächst vor. Wenn der Klient damit einverstanden ist, werden die verschiedenen Hilfemaßnahmen vorgestellt. (....) Die Beraterin unterstützt die ratsuchende Person in Fragen der alltäglichen Lebensbewältigung (z. B. Sozialhilfeantrag, Schuldnerberatung). Erst wenn der Klient von sich aus bereit ist, weitere Hilfen anzunehmen, geht die Beraterin darauf ein.“ (K, 90)

Der Klient wird somit nicht nur über mögliche Interventionsmöglichkeiten aufgeklärt. Es wird ihm die Entscheidung für eine Zusammenarbeit auferlegt und eine aktive Beteiligung eingefordert.

> „Dieses Hilfesystem setzt den Klienten in seiner aktuellen Situation in den Mittelpunkt eines vernetzten Hilfesystems. Er entscheidet selbst, ob, und wenn, welche Hilfe er braucht und wahrnehmen will.“ (K,104)

Die Autonomie des Klienten wird abschließend nochmals betont. Es wird deutlich, dass K einzelne Funktionen des Konstrukts Arbeitsbündnis erfasst hat. Eine Reflexion auf Basis der Theorie unterbleibt. Wichtige von Müller erarbeitete Faktoren (Definitionsmacht des Experten, welche Hilfsangebote werden offeriert?, Thematisierung der Rechte des Klienten) werden nicht aufgegriffen.

Beispiel für ein hohes Reflexionsniveau:
L absolvierte ihr Praktikum in einer kommunalen Einrichtung der Jugendberatung. Zunächst setzt sie sich in ihrer Reflexion mit Methoden einer aktivierenden Jugendsozialarbeit (Gericke, Lex, Schaub, Schreiber-Kittl u. Schröpfer 2002) und einer subjektorientierten und entwicklungsfördernden Beratung (Haar u. Haar, Lehmann 1992) auseinander. Ausgehend von den dargelegten Prinzipen führt sie aus, wie durch gezielten Methodeneinsatz dieses Ziel erreicht werden kann:

> „Die Methode und Technik der Gesprächsführung ist hierbei wesentlicher Bestandteil zur Erreichung des Beratungsziels und sollte unter ständiger Berücksichtigung von Bedürfnissen, Motiven sowie sozialer Herkunft der KlientInnen durchgeführt werden.“ (L, 47)

Sie hebt hervor, dass zunächst eine gemeinsame Beschreibung der Problemsituation gefunden werden muss, um im Anschluss hieran an den Lösungswegen zu arbeiten:

> „Der Berater ist in seiner Beratungsfunktion darum bemüht zusammen mit dem ratsuchenden jungen Menschen im ersten Schritt eine genaue Definition der Problemlage zu erarbeiten, im weiteren Beratungsverlauf Gesichtspunkte aufzuweisen die für eine Problemlösung wesentlich bzw. förderlich sind und über die zu erwartenden Folgen verschiedenste Lösungsmöglichkeiten zu informieren (...).“ (L, 47)

Wie sie diese theoretischen Ansätze in ihrer Beratungspraxis umsetzt, schildert sie im Anschluss:

> „Ein Erstgespräch beginne ich grundsätzlich mit einigen einleitenden Worten. Ich stelle mich und die Arbeit der Beratungsstelle kurz vor und weise darauf hin, dass die Gespräche vertraulich sind. Auch der Hinweis auf die Arbeitsweise der Jugendberatung ist zu Beginn hilfreich.“ (L, 83)

In der Intervention steht der wechselseitige Prozess von konkreter Hilfe, stützender Begleitung und eigenverantwortlichem Handeln der Jugendlichen im Zentrum. Darüber hinaus stellt L einen Bezug zur Lebenssituation von Jugendlichen in unserer Gesellschaft her. Sie erläutert, inwiefern sich das Jugendalter durch ein Bestreben nach Autonomie, Emanzipation und Selbständigkeit auszeichnet. Vor diesem Hintergrund zeigt L die Grundlage ihrer Beratungsarbeit auf. Sie strebt an,

> „(....) die Ratsuchenden aktiv in den Problemlösungsprozess einzubinden und ihnen (....) lediglich eine „helfende Unterstützung“ zu sein und den eigentlichen Vorgang den Ratsuchenden selbst abwickeln zu lassen.“ (L, 84)

L agiert nicht für die Jugendlichen. Sie bereitet sie auf neue Handlungssituationen vor, ohne sie aus der Verantwortung für ihr Handeln zu entlassen. Als langfristiges Ziel formuliert sie die Eigenverantwortlichkeit der Jugendlichen für ihre Lebenssituation. Trotzdem betont sie, dass es zu ihrem professionellen Selbstverständnis gehört,

> „(....) Handlungs- und Entscheidungsalternativen auf(zu)zeigen, entscheiden müssen die Jugendlichen letztendlich selbst. Die Dauer des Entscheidungsprozesses ist bei vielen Ratsuchenden unterschiedlich und nicht unbedingt vom Alter, sondern eher von der physischen Entwicklungsstufe abhängig. Entscheidend ist, dass sie ein Ziel ins Auge fassen und sich dafür einsetzen.“ (L, 85)

Zum Abschluss stellt L heraus, dass es durchaus Diskrepanzen zwischen den professionell Handelnden und den Ratsuchenden im Hinblick auf die Auswahl der geeigneten Intervention gibt.

> „Die Beratenden tendieren eher zu „Komplett-Paket-Lösungen“ – das heißt beispielsweise gemeinsam mit den Jugendlichen (....) die Organisation eines festen Wohnsitzes, finanzielle Sicherheit (z.B.: Arbeitslosengeld II, BAFÖG, etc.), Schule/ Ausbildung/ Beruf und so weiter anzustreben. Die Ratsuchenden hingegen haben oftmals ganz

> anzustreben. Die Ratsuchenden hingegen haben oftmals ganz andere Ambitionen, Vorstellungen und Wünsche." (L, 86)

Folge ist dann gegebenenfalls der Abbruch der Beratung. Dies fasst L jedoch nicht als Scheitern der professionellen Beziehung auf. Sie hebt hervor, dass die Ratsuchenden noch nicht in der Lage waren, sich auf die für notwendig erachtete Intervention einzulassen. Einen hohen Wert besitzt für sie die Autonomie der Jugendlichen. Zusammenfassend hält sie fest:

> „Daher ist es von entscheidender Wichtigkeit den Ratsuchenden genau zuzuhören und die Jugendlichen (....) bei der Lösung ihres Problems zu unterstützen, ihnen jedoch keine Lösungen „aufzudrücken". Derartige Herangehensweisen sind von vorn herein zum Scheitern verurteilt."(L, 86)

L ist sich ihrer Rolle als Beraterin bewusst. Sie stellt Arbeitsbündnisse her und gestaltet ihre Handlungsschritte theoriegeleitet. Sie reflektiert ihr Handeln multidimensional und Ergebnis offen, in dem sie Sichtweisen der Profession, der Disziplin und der Betroffenen mit einbezieht.

5.6.6.7 Reflexion der Rahmenbedingungen

Berufliche Handlungsvollzüge in der Sozialen Arbeit werden durch die sozialpolitischen Rahmenbedingungen determiniert. Kernpunkte der Sozialpolitik sind zum einen die Absicherung existenzieller Lebensrisiken und zum anderen die Verbesserung der Lebenssituation von Menschen, die von sozialer Exklusion betroffen sind. Die politischen und verbandlichen Aktivitäten sowie die gesetzgeberischen Maßnahmen der Sozialpolitik sind auf die Bewältigung dieser allgemeinen sozialen Notlagen und Lebensrisiken ausgerichtet. Aufgrund gesetzlicher Rahmenbedingungen bieten die öffentlichen und privaten Träger der Sozialen Arbeit sozialstaatliche Leistungen an. Die Aufträge basieren in der Regel auf politischen Entscheidungen und Vorgaben. Mittelbar haben sie somit auch Auswirkungen auf die materiellen und immateriellen Arbeitsbedingungen in den Einrichtungen.

Wenn die professionell Handelnden in der Sozialen Arbeit ihre Möglichkeiten zur Nutzung sowie zur Erweiterung von Gestaltungsräumen ausschöpfen wollen, sind sie auf die wissenschaftliche Analyse sozialer Problemlagen angewiesen. Die Analyse bildet die Grundlage zur Erklärung und Neubewertung dieser gesellschaftlichen Phänomene. Auf ihr basieren jegliche konzeptionelle Veränderungen bzw. Weiterentwicklungen des Hilfesystems und somit des individuellen wie auch institutionellen Rahmens des professionellen Handelns in der Sozialen Arbeit.

Auswertung der Kategorie „Rahmenbedingungen"

In allen 33 Berichten (100%) sind Aussagen zum Merkmalsraum „Reflexion der Rahmenbedingungen" (institutionelle, rechtliche, materielle und gesellschaftliche Voraussetzungen) enthalten.

Die Aussagen wurden in folgende Reflexionsniveaus eingruppiert:

0 x hohes Reflexionsniveau	(GS 0 : HS 0 : BP 0)
10 x mittleres Reflexionsniveau	(GS 2 : HS 3 : BP 5)
23 x geringes Reflexionsniveau	(GS 9 : HS 8 : BP 6)

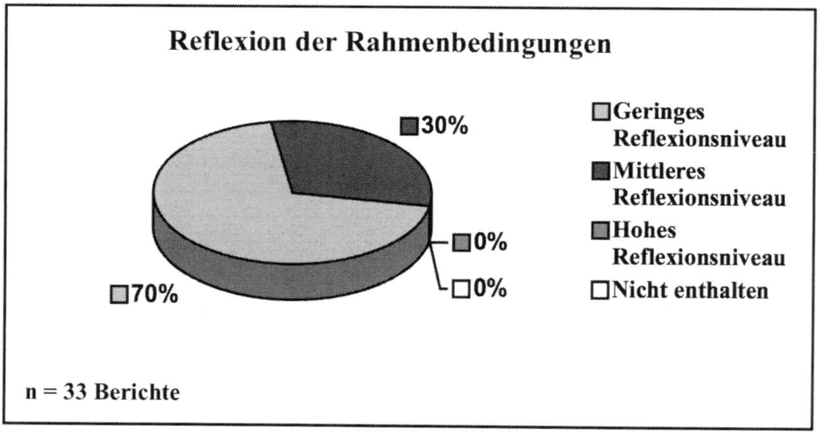

Abb. 13: Reflexion der Rahmenbedingungen

Vor allem im Grundstudium gelingt es den Studierenden lediglich, die Rahmenbedingungen der Sozialen Arbeit aufzulisten. Von den 11 AutorInnen aus dieser Studienphase, die auf die Rahmenbedingungen der Arbeit eingehen, deuten nur zwei ihre Aussagen mit Bezug zur Theorie. Im Hauptstudium ist das Verhältnis ähnlich. 8 Berichten ohne Deutung stehen 3 Berichte mit theoriebezogener Deutung gegenüber. Im Berufspraktikum wurden von den 11 Berichten 6 Berichte in die Kategorie „Geringes Reflexionsniveau" und 5 Berichte in die Kategorie „Mittleres Reflexionsniveau" eingeordnet. Aus keiner Studienphase konnte ein Bericht der Kategorie „Hohes Reflexionsniveau" zugewiesen werden.

Ein Erklärungsansatz für das umfassende Aufgreifen dieser Thematik lässt sich ebenfalls aus der Strukturvorgabe der Fakultät (Studienordnung) für die Erstellung von Praktikumsberichten herleiten. Jeder Bericht muss Aussagen zu den Rahmenbedingungen der Sozialen Arbeit im Arbeitsfeld enthalten.

Da jedoch in keinem Bericht das hohe Reflexionsniveau erreicht wurde, wird im Folgenden ausschließlich ein Beispiel eines mittleren Reflexionsniveaus vorgestellt.

Beispiel für ein mittleres Reflexionsniveau

M hat ihr Praktikum bei der AIDS-Hilfe absolviert. Sie geht in ihrem Bericht detailliert auf die rechtlichen Rahmenbedingungen der Einrichtung ein. Sie hebt hervor, dass zur Aufgabe des demokratischen Sozialstaats die Sicherung des Wohlergehens aller Bürger zählt.

> „Nach Artikel 20 GG ist die Bundesrepublik Deutschland ein demokratischer und sozialer Bundesstaat. In Zusammenhang mit Artikel 1 GG - „Menschenwürde" lässt sich das Rechts- und Sozialstaatsprinzip herleiten. Gesundheitsförderung ist somit staatliche und - Artikel 28 GG berücksichtigend - Länder und Kommunalaufgabe." (M, 67)

Im Rahmen der Gesundheitsförderung muss der Staat die Mittel zur Erhaltung und Verbesserung der Gesundheit der Bürger zur Verfügung stellen. Dieses Ziel wird durch die öffentliche Gesundheitspflege verfolgt.

> „In der gesundheitlichen Prävention sind Aufklärung und Information, Gesetzgebung und Überwachung sowie Koordination und Moderation staatliche Aufgaben. Dabei sieht der Bund im Aids-Bereich seine Hauptaufgabe in der allgemeinen Primärprävention." (M, 66)

Im Anschluss geht M auf die einschlägigen Bestimmungen des Sozialgesetzbuches I ein, in dem der Anspruch auf Beratung begründet wird:

> „§ 14 Sozialgesetzbuch I bestimmt, dass jeder Anspruch auf Beratung über seine Rechte und Pflichten nach dem Sozialgesetzbuch hat. Die-

ser Rechtsanspruch gilt für alle Gebiete des Sozialrechts (....). Die Beratung soll sicherstellen, dass möglichst jeder Bürger in weitestgehendem Umfang die Sozialleistungen erhält, die der Gesetzgeber vorgesehen hat." (M, 63)

Nachdem M die rechtlichen Grundlagen für die Beratungstätigkeit der AIDS-Hilfe dargestellt hat, geht sie auf die Finanzierung der Einrichtung ein:

> „Die DAH und bundesweit über 120 örtliche Aidshilfen [haben] als freie Träger Aufgaben des öffentlichen Gesundheitssystems übernommen. Dies hat sich aus der bewussten Nicht - Einordnung von HIV/Aids in das Bundesseuchen- oder das Infektionsschutzgesetz ergeben." (M, 68)

Aufgrund der sozialpolitischen Entscheidung, Aufklärung und Prävention den Vorrang vor der klassischen Seuchenbekämpfung einzuräumen, wurde eine Beteiligung am Hilfesystem durch die AIDS-Hilfen möglich.

> „[D]en aus der Selbsthilfe entstandenen Aidshilfen [wurde ermöglicht], effektiv in den Hauptbetroffenengruppen zu arbeiten. Ihnen wurde Vertrauen entgegengebracht, da sie nicht „von Amts wegen" agierten." (M, 69)

M bemerkt weiterhin, dass sich die Hilfeleistung eines freien Trägers von dem staatlichen Auftrag aus dem Sozialstaatsangebot unterscheidet.

> „Die Hilfeleistung freier Träger sind (....) nicht wie staatliche Sozialleistungen einklagbar. Nach dem Subsidiaritätsprinzip wird die Arbeit der Aidshilfen so lange gefördert, wie ein Bedarf besteht bzw. ein solcher von den Geldgebern wahrgenommen wird." (M, 70)

Wie die staatliche Förderung der Beratungsstelle ausgestaltet ist und auf welchen Rechtsgrundlagen sie basiert, zeigt M im Anschluss auf. Die Aids-Hilfe

> „(....) erhält eine Förderung vom Land Niedersachsen. Die Bewilligung erfolgt nach (....) der Niedersächsischen Landeshaushaltsordnung (LHO) (....) sowie den Richtlinien über die Gewährung von Zuwendungen zur Förderung von Maßnahmen zur Verhütung und Bekämpfung von Aids. Die Zuwendung ist nur zur Finanzierung der Ausgaben bestimmt, die im Haushaltsplan genannt und in dem Zeitraum geleistet werden. (....) Zuwendungszwecke sind die HIV - Prävention für die Bevölkerung, insbesondere die Hauptbetroffenengrup-

> pen; Beratung und Betreuung von Menschen mit HIV; Antidiskriminierung Betroffener." (M, 74 -75)

Zuwendungen bzw. die Höhe der Beträge, die von Land und Kommunen gezahlt werden, sind – so M – eine Ermessensfrage und selbstverständlich abhängig von der allgemeinen Finanzlage der Kommune.

> „Die HAH erhält also insgesamt eine Förderung von etwa 55 % aus öffentlicher Hand. Etwa 45 % ihrer Ausgaben (....) muss sie durch eigene Einnahmen decken (....)."(M, 78)

Die Abhängigkeit von der staatlichen Sozialpolitik prägt die Arbeit in der Einrichtung:

> „Die HAH-Mitarbeiter müssen deshalb möglichst von ihnen initiierte Projekte, Aktionen und Veranstaltungen refinanzieren. Betriebswirtschaftliche Begriffe des Sponsoring, des Fundraising und der Akquisition gewinnen immer größere Bedeutung." (M, 80)

Diese Entwicklung betrachtet M mit gemischten Gefühlen:

> „Das macht die Arbeit auf der einen Seite spannend, weil so neue Arbeitsfelder dazukommen, andererseits setzt es durch die immer unklarer werdende Finanzierung unter Druck. Die Mittelbeschaffung bindet einen erheblichen Teil der Arbeitskraft. Aufwand und Effekt wollen daher gut berechnet sein." (M, 80)

Aus dem Bericht von M wird deutlich, dass sie zwar die rechtlichen Grundlagen ihres Arbeitsfelds beherrscht und den Hilfe- und Beratungsanspruch der Betroffenen aus dem Grundgesetz herleiten sowie mit den einschlägigen Bundesgesetzen belegen kann. Bei der Frage der unsicheren Finanzierung hinterfragt sie jedoch die Abhängigkeit der Sozialpolitik von der wirtschafts- und finanzpolitischen Situation des Staates nicht. Auch die so genannte Verarmung der öffentlichen Haushalte, die auf politischen Entscheidungen basiert und somit veränderbar ist, wird von ihr als Handlungsebene der Sozialen Arbeit nicht wahrgenommen.

5.6.6.8 Reflexion der Anleitung

Im Rahmen der praxisorientierten Ausbildung von SozialarbeiterInnen und SozialpädagogInnen an den Fachhochschulen kommt der Begleitung der berufspraktischen Phasen eine hohe Bedeutung zu. Die gemeinsame Verantwortung für diese Ausbildungsanteile wird sowohl von den Vertretern der Praxis als auch den Vertretern der Hochschulen betont (BAG Praxisämter/-Referate 1999, S. 3ff).

Eine besondere Funktion erfüllt dabei der Anleitungsprozess in den Einrichtungen. Die Anleitung übernimmt die Einführung in die Praxis der Sozialen Arbeit und wirkt an der Entwicklung der erforderlichen Qualifikationen für eine professionelle Tätigkeit und dadurch auch an der Ausgestaltung des Studiums mit. Die AnleiterInnen nehmen darüber hinaus eine wichtige Vorbildfunktion hinsichtlich der Berufsidentität und des professionellen Status wahr. Die BAG Praxisämter und -Referate hebt die lehrende, beratende, administrative und beurteilende Funktion der Praxisanleitung hervor:

> *Die lehrende Funktion* besteht aus der Wissens- und Informationsvermittlung sowie aus Umsetzungshilfen in konkreten Praxissituationen.
> *Die beratende Funktion* besteht aus der systematischen Aufarbeitung und Reflexion der gemachten Lernerfahrungen und der Anregung, die beruflichen Tätigkeiten mehrdimensional zu reflektieren.
> *Die administrative Funktion* besteht aus dem Bemühen, das berufliche Handeln in rechtliche und organisatorische Zusammenhänge einzuordnen.
> *Die beurteilende Funktion* besteht in der Aufgabe, den Lernprozess der PraktikantInnen zu beschreiben, zu gewichten und im Hinblick auf die Ziele des jeweiligen Praktikums zu bewerten (vgl. BAG Praxisämter/-Referate 1999, 10 f).

Auswertung der Kategorie „Reflexion der Anleitung“
In 13 Berichten (39%) sind Aussagen zum Merkmalsraum „Reflexion der Anleitung“ enthalten. Die Anleitung erfüllt in den berufspraktischen Einheiten, die Teil der Ausbildung sind, eine wichtige Funktion. Zu den geforderten Standards in der Begleitung der berufspraktischen Phasen durch die Einrichtung zählt das Stellen einer geeigneten Anleitung durch die Praxisstelle.

Die Eingruppierung der Aussagen erfolgte in folgende Reflexionsniveaus:

1 x hohes Reflexionsniveau	(GS 0 : HS 0 : BP 1)
1 x mittleres Reflexionsniveau	(GS 0 : HS 0 : BP 1)
11 x geringes Reflexionsniveau	(GS 3 : HS 6 : BP 2)

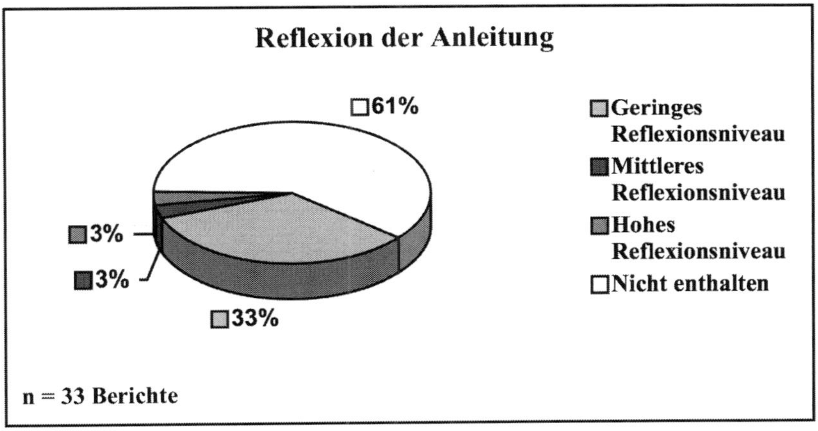

Abb. 14: Reflexion der Anleitung

In allen drei Studienphasen finden sich Aussagen zum Thema Anleitung. Im Grund- und Hauptstudium wird die Anleitung nur thematisiert und ausschließlich subjektiv mit gut oder schlecht bewertet. Erst im Berufspraktikum gelingt es zwei AutorInnen, sich vertiefter mit dem Thema Anleitung auseinander zu setzen. Eine AutorIn erreicht hierbei das hohe Reflexionsniveau.

Ein schlüssiger Erklärungsansatz für die überwiegend deskriptive Auseinandersetzung mit dem Thema Anleitung fehlt. Unklar ist, ob die Bedeutung der Anleitung für den Erfolg der berufspraktischen Phasen von den Studierenden nicht erkannt wird oder ob die Praxis aufgrund der hohen Arbeitsverdichtung im Sozialen Bereich weniger Ressourcen für die Anleitung von PraktikantInnen zur Verfügung stellt.

Beispiel für ein mittleres Reflexionsniveau

N war während ihres Berufspraktikums in einer privatgewerblichen Einrichtung der Erlebnispädagogik tätig. Im Rahmen ihres Berichts hat sie sich vorher bereits theoretisch mit verschiedenen Anleitungskonzepten (Bernler u. Johnson, Ellermann) befasst, da sie als Leitungsteamerin selbst Anleitungsfunktionen für PraktikantInnen übernommen hat. Im Folgenden geht sie auf ihren eigenen Anleitungsprozess während des Berufspraktikums ein.

> „Die Reflexionsgespräche mit meinem Anleiter, der gleichzeitig der Leiter der Einrichtung (....) ist, finden ungefähr in einem Abstand von drei Wochen statt.“ (N, 247)

Als wichtigstes, immer wiederkehrendes Thema benennt N den für sie schwierigen Prozess der Annahme ihrer neuen Berufsrolle:

> „Ein Schwerpunkt-Thema unserer Gespräche betrifft die Einfindung in meine Rolle, da ich sowohl Bestandteil des Leitungsteams der Einrichtung mit entsprechender Verantwortung und Entscheidungsbefugnis auf der einen Seite und engem, freundschaftlichem Kontakt zum Team auf der anderen Seite bin.“ (N, 247)

Im Anschluss geht sie auf ihren persönlichen Hintergrund als ehemalige Praktikantin in der Einrichtung ein und macht hierin und in dem geringen Altersunterschied zwischen ihr und den Praktikanten Ursachen für ihren Rollenkonflikt aus:

> „Erschwert wird meine Rollenfindung durch mehrere Aspekte, so habe ich vor zwei Jahren selber als Praktikantin in dieser Einrichtung gearbeitet, bin als Praktikumsanleiterin nur unbedeutend älter als die meisten Anzuleitenden und wohne direkt in der Einrichtung.“ (N, 248)

Dann erfolgt eine theoretische Einordnung des Problems. In Anlehnung an Ellermann stellt sie fest, dass

> „(....) diese Konstellation von unterschiedlichen Rollen nicht ganz unproblematisch (ist) und (...) sogar zu Inter-Rollenkonflikten führen (kann), weil die Rolle des Teamkollegen mit dem Anspruch der Gleichberechtigung verbunden ist, die Rolle des Anleiters allerdings nicht, da ein reales Machtgefälle zwischen Anleiter und Praktikant besteht (...).“(N, 250)

Im Folgenden geht N auf die Funktion des Leitungsteams für die Akzeptanz ihrer Leitungsrolle ein. Sie stellt klar, dass für sie die Orientierung am Rollenverständnis der Kollegen und der Austausch hierüber die Annahme einer eigenen Rollenidentität erleichtert hat:

> „Da ich innerhalb eines Leitungsteams von fünf Personen arbeite, bot sich für mich erstens stets die Möglichkeit, mir viel von meinen Kollegen abgucken zu können und zweitens haben wir regelmäßig einmal in der Woche einen festen Termin, an dem wir uns primär organisatorischen und koordinatorischen Aufgaben widmen, uns aber auch über Themen wie zum Beispiel Rollenverständnis etc. austauschen." (N, 252)

Abschließend reflektiert N den gesamten Prozess. Sie hebt hervor, dass die bewusste Übernahme der Leitungsrolle ein wesentlicher Schritt für die Ausprägung einer eigenen beruflichen Identität war.

> „Immer wieder von neuem haben mich in meiner bisherigen Zeit die Fragen beschäftigt, wie ich auf meine Kollegen wirke und welche Rolle ich mir selbst gegeben habe bzw. ich mir habe geben lassen. Mittlerweile hat sich meine Rolle gefestigt (....)."(N, 253)

Die Funktion ihres Anleiters und der Anleitungsgespräche fasst sie zum Abschluss zusammen:

> „Die Gespräche mit meinem Anleiter habe ich bis jetzt als sehr bereichernd und wertvoll empfunden, oft wird mir beim Verbalisieren erst klar, worin das Problem besteht, außerdem kann ich sehr gut von der Erfahrung meines Anleiters profitieren, da er auch viele Jahre im Leitungsteam der Einrichtung gearbeitet hat." (N, 261)

N setzt sich in ihrem Bericht vertiefend mit ihrem Rollenverständnis als Teil des Leitungsteams auseinander. Sie reflektiert dabei ihre neue Berufsrolle und löst sich von ihrem vormaligen Praktikantenstatus in der Einrichtung. Die Rolle der Anleitung in diesem Prozess reflektiert sie jedoch nur eindimensional. Obwohl sie sich mit einschlägigen Theorien befasst hat, wird die Funktion des Anleiters primär als die des Vorbildes erfasst.

Beispiel für ein hohes Reflexionsniveau

Die Auseinandersetzung mit ihrem beruflichen Selbstverständnis zieht sich wie ein roter Faden durch den Bericht über das Berufspraktikum von O. In diesem Zusammenhang stehen auch ihre Ausführungen zum Thema Anleitung:

> „Die Praxisanleitung während des Anerkennungsjahres verstehe ich als eine kontinuierliche Möglichkeit der beruflichen Reflexion und als Chance unter anderem an der professionsspezifischen Arbeitsweise der Anleiterin die eigene berufliche Identität zu entwickeln. Kollegialer Austausch und Supervision empfinde ich als Bestandteile und Unterstützung beruflicher Professionalität.“ (O, 89)

Im Anschluss zeigt O auf, welche Funktion ihre Anleiterin für sie im Berufpraktikum einnimmt:

> „Zum einen ist F [anonymisiert] die psychosoziale Leitung des stationären Hospizes und gehört in dieser Funktion dem dreiköpfigen Leitungsteam an. Dadurch und in ihrer Tätigkeit als meine Anleiterin ist sie meine unmittelbare Vorgesetzte. In der Ausübung ihrer Profession ist sie für mich ein Mensch, an der sich meine eigene berufliche Identitätsentwicklung orientieren kann. Obwohl ich in einem direktem Ausbildungsverhältnis zu F stehe, gibt sie mir zudem das Gefühl, eine wertgeschätzte Berufskollegin zu sein. Ihre Aufgabe als meine Anleiterin übernimmt F mit einem hohen Verantwortungsbewusstsein.“ (O, 90)

O benennt klar die unterschiedlichen Funktionen von F als Anleiterin. In Anlehnung an der BAG-Praxisämter (1999) können diese als lehrende, beratende, administrative und beurteilende Funktionen zusammengefasst werden. Im Anschluss geht sie auf den Aspekt des Vorbilds der Anleiterin als Trägerin der Berufsrolle ein. O betont dabei die menschliche und fachliche Kompetenz der Anleiterin:

> „In meiner Anleiterin ist mir während meines Berufspraktikums eine Person zur Seite gestellt, die ich sowohl menschlich als auch fachlich sehr schätze. Durch die in meinem subjektiven Empfinden wahrgenommene Perfektion meiner Anleiterin wird mein eigenes Anspruchsdenken mir gegenüber manchmal fast unerreichbar hoch. Zudem fällt mir dadurch eine realistische Einschätzung schwer, welche real existierenden Erwartungen meine Anleiterin mir entgegen bringt.“ (O, 91)

Zudem wird in dieser Passage deutlich, dass O auch die eigene Idealisierung der Anleiterin kritisch hinterfragt. Sie stellt fest, dass sie trotz dieser Überhöhung der Anleiterin ein eigenes berufliches Selbstverständnis ausbilden konnte:

> „Einerseits habe ich mittlerweile ein berufliches Selbstbewusstsein entwickelt, andererseits weiß ich, dass ich in meiner Professionsausübung ganz anders bin, als meine Anleiterin und gerade im Vergleich fühle ich mich dadurch manchmal verunsichert.“ (O, 91)

Diese Verunsicherung, die von O auch als „Perfektionsdenken" bezeichnet wird, wird zwar als Problem erlebt, aber auch als Herausforderung betrachtet.

> „Das Wissen hierum existiert, an einer konkreten Lösungsstrategie arbeite ich." (O, 91)

Bewusst hat sich O zur Aufarbeitung dieser Thematik begleitend zu ihrem Berufspraktikum für Supervisionsseminare und eine Reflexionsgruppe entschieden. Diese erlebt sie als wesentliche Bereicherung ihrer berufspraktischen Tätigkeit:

> „Der kollegiale Austausch und die gegenseitige fachliche Unterstützung finden auf einem hohen Reflexionsniveau statt. Durch das einzelne Engagement der Gruppenmitglieder und der gemeinsam erlebte Verlauf der jeweiligen Berufspraktika in unterschiedlichen Praxisfeldern ist die Gruppe zusammengewachsen. Sie trägt wesentlich zu meiner beruflichen Identitätsentwicklung bei." (O, 93)

Die Auseinandersetzung mit dem Thema Anleitung macht deutlich, dass O detaillierte Kenntnisse über die Rolle und Funktion der Anleitung besitzt. Sie ist in der Lage, den Anleitungsprozess und ihre eigene Rolle kritisch zu hinterfragen, die Grenzen von Anleitung wahrzunehmen und sich zusätzliche Reflexionsmöglichkeiten zu erschließen.

5.7 Zusammenfassung der Ergebnisse, Analyse, Einordnung und Konsequenzen

Die von Vertretern von Profession und Disziplin geäußerten Zweifel an der Qualität der Ausbildung der Studiengänge „Soziale Arbeit" konnten anhand der Studie relativiert werden. Die Ergebnisse, die mit diesem qualitativen Untersuchungsverfahren erhoben wurden, erheben nicht den Anspruch auf Repräsentativität. Sie weisen allerdings in eine andere Richtung als die Thesen von Ackermann und Seeck sowie Thole und Küster-Schapfl, nach denen Studierende im Studium kein eigenständiges berufliches Selbstverständnis und keine adäquate Fachlichkeit entwickeln.

Das Reflexionsniveau der Studierenden, die ihre Praktikumsberichte für die Untersuchung bereitstellten, ist besser als ihr Ruf. Nur 9% der Studierenden erreichen in ihren Berichten kein mittleres oder hohes Reflexionsniveau. Der Schwerpunkt der Reflexionen konnte im mittleren Reflexionsniveau ausgemacht werden (55 %). 36% der StudienteilnehmerInnen erreichten sogar das hohe Reflexionsniveau.

Die These, dass das Reflexionsniveau durch das Studium nicht verändert werde, konnte im Rahmen dieser Studie nicht bestätigt werden. Die vorliegenden Ergebnisse zeigen, dass im Studienverlauf die Fähigkeit zu einer vertieften reflexiven Auseinandersetzung mit professionsspezifischen Themen zunimmt. Erreichen im Grundstudium nur 18% der Studierenden das hohe Reflexionsniveau, so sind es im Hauptstudium und Berufspraktikum bereits 45 %. Der Prozentsatz des Typus „Geringes Reflexionsniveau" fällt im Studienverlauf von 18 % im Grundstudium auf 9% im Hauptstudium zurück. Im Berufspraktikum wurde kein Bericht diesem Typus zugeordnet. Es gelingt somit der Fakultät zumindest teilweise, die AbsolventInnen auf die Anforderungen der Sozialen Arbeit vorzubereiten.

Die reflexive Auseinandersetzung mit dem Selbstverständnis der Profession und der eigenen Einstellung bzw. mit dem eigenen Selbstbild und Professionsverständnis ist auch bei den Hildesheimer StudienteilnehmerInnen noch nicht weit fortgeschritten. Hier bestätigen sich in der Tendenz die Annahmen von Ackermann und Seeck sowie Thole und Küster-Schapfl. Die für eine reflexive Professionalität notwendige Klärung dieser Einstellungsmuster muss dringend verbessert werden. Die Studie legt nahe, dass die Fähigkeit der Studierenden, die Berufsrolle kritisch zu reflektieren, abhängig ist von den vor Aufnahme des Studiums gesammelten Erfahrungen. Studierende mit Vorausbildung und Vorerfahrungen erreichen relativ häufig das hohe Reflexionsniveau. Das sich zwischen der Höhe des Reflexionsniveaus und dem Ausbildungsgrad der Studierenden vor Antritt des Studiums keine deutlichere Relation zeigt, hängt vermutlich damit zusammen, dass die Frage nach Vorerfahrungen nicht von allen Teilnehmern der Studie beantwortet wurde.

Erste Umsetzungen der Ergebnisse wurden in der Konzipierung und inhaltlichen Ausrichtung der Module im Bachelor-Studiengang Soziale Arbeit erzielt. Der Auseinandersetzung mit professionsspezifischen Themen steht mehr Raum zur Verfügung. Der Aufbau des Moduls „Professionelle Identitätsbildung" sieht Reflexionsseminare bereits im ersten Studienjahr vor.

6 Methodengeleitete Reflexion als Grundlage für das professionelle Handeln in der Sozialen Arbeit

6.1 Bedeutung der Ergebnisse für die Weiterentwicklung des Curriculums der Studiengänge „Soziale Arbeit"

Die Studie basiert auf Berichten des Diplomstudiengangs „Soziale Arbeit" Hildesheim. Während der Untersuchung wurden an der HAWK die Bachelor- und Master-Studiengänge „Soziale Arbeit" konzipiert. Erste Ergebnisse dieser Studie sind bereits in das Curriculum des Bachelor-Studiengangs aufgenommen worden (siehe unten).

Die Studie hat gezeigt, dass Ansätze für eine theoriegeleitete Reflexion deutlich festzustellen sind. Lediglich ein geringer Teil der Studierenden kommt über eine deskriptive Beschreibung der in den berufpraktischen Phasen gemachten Erfahrungen nicht hinaus. Über die Hälfte der Studierenden verknüpfen ihre Erfahrungen mit den im Studium angeeigneten wissenschaftlichen Grundlagen und Theorien. Das Einnehmen einer offenen Perspektive (erweitertes Referenzsystem und damit methoden- bzw. situationsoffen) und einer kritischen Haltung (Analyse der gemachten Erfahrungen und ihrer wissenschaftlichen Einordnung) im Hinblick auf ihre Berufspraxis gelingt mehr als einem Drittel der Studierenden.

Die für das professionelle Handeln notwendige Reflexion des allgemeinen Verständnisses von Sozialer Arbeit (Thematisierung von allgemeinen Regeln der Profession, Normen und Werte des Berufsstands und/ oder berufsethische Fragen) hat im Diplomstudiengang keinen ausreichenden Platz. Folgerichtig setzt sich nur die Hälfte der Studierenden mit den allgemeinen Grundsätzen ihrer Profession auseinander. Professionelle Standards sind entweder kaum bekannt oder deren Relevanz für die Bewältigung der Alltagsroutine in der Praxis wird nicht hergestellt. Dies spiegelt sich in der geringen Bedeutung der kodierten Standards für die berufserfahrenen SozialpädagogInnen und SozialarbeiterInnen wider. Erfahrungen aus Fortbildungsveranstaltungen mit Praktikern der Sozialen Arbeit zeigen, dass einzelne Aspekte der professionellen Standards zwar als handlungsleitend betrachtet werden, eine Verknüpfung mit den kodifizierten Standards der berufsständischen Vertretungen jedoch nicht vorgenommen wird. Dies hängt mit der geringen Bedeutung der Berufsverbände zusammen. In

Deutschland ist es bisher nicht gelungen, einen Berufsverband als berufsständige Vertretung zu implementieren. So liegt der Organisationsgrad im DBSH nur bei etwa 10 Prozent der Beschäftigten. Kritisch zu hinterfragen ist auch, ob die Standards der Profession im bisherigen Curriculum genügend Beachtung gefunden haben. Für die Entwicklung einer professionellen Identität haben die Standards sowie das mit ihnen in Verbindung stehende allgemeine Verständnis von Sozialer Arbeit eine hohe Bedeutung. Nur wenn die Studierenden eine konkrete Vorstellung über ihre Profession entwickeln, haben sie auch die Möglichkeit, sich mit ihr zu identifizieren. Dies bildet die Voraussetzung für die Ausbildung eines professionellen Habitus.

Im direkten Zusammenhang mit den professionellen Standards steht die Auseinandersetzung mit der eigenen Einstellung zur Profession. Auf die Inhalte wird zwar in dem Studienbereich Handlungsformen eingegangen, ob ein direkter Bezug zwischen den Standards der Profession und der eigenen Person hergestellt wird, bleibt jedoch offen. Studierende, die kein Verständnis von ihrer Profession ausgebildet haben, können deren Standards auch nicht in Verbindung zu ihren eigenen Vorstellungen von Sozialer Arbeit bringen. Es fehlt der Maßstab für die Orientierung. Insbesondere nach dem Ansatz „Person als Werkzeug" (Spiegel) ist es für das professionelle Handeln jedoch zwingend erforderlich, die Fragen nach der professionellen Basis, auf der der Einzelne agiert, bzw. die eigenen Vorstellungen von Sozialer Arbeit zu klären. Dies setzt eine Reflexion des eigenen Norm- und Wertehorizontes ebenso voraus, wie die Klärung der eigenen Berufsmotivation. Beides kann nur durch Selbsterfahrung und -reflexion erlangt werden. Die Auseinandersetzung mit der eigenen Person in Lern-Settings bildet für viele Studierende eine völlig neue Erfahrung, die von Ängsten begleitet ist. In kleinen Lernarrangements mit erfahrenen SupervisorInnen können diese Fragen bearbeitet werden. Grenzen für diese Selbsterfahrungprozesse ergeben sich jedoch durch den verpflichtenden Charakter der Teilnahme an diesen Seminaren im Studienverlauf.

Die Veranstaltungen zur Vor- und Nachbereitung von berufspraktischen Einheiten, die zur Annahme, Entwicklung und Reflexion beruflicher Identität befähigen sollen, haben im Grund- und Hauptstudium des Diplomstudiengangs einen geringen Stundenumfang (je 2

SWS). Spezielle Reflexionsseminare, die sich diesen Fragestellungen widmen, werden erst im Berufspraktikum angeboten, sind aber Wahlpflichtangebote. Insgesamt ist eine Stärkung dieses Bereichs im Studium notwendig.

Im Curriculum des unterdessen auslaufenden Diplomstudiengangs haben Reflexion und Einüben von Reflexionsmethoden keinen hohen Stellenwert. Seminare zur „Kollegialen Beratung“, zur „Multiperspektivischen Fallarbeit“, zur „Situationsanalyse in der Sozialen Arbeit“, zur „Stellvertretenden Deutung“ oder zum „Transformatorischen Dreischritt“ werden kaum angeboten. Ein breiteres Angebot von Veranstaltungen dieses Typs wird erst im Berufspraktikum vorgehalten. Auch hier ist eine Stärkung im grundständigen Studium erforderlich. Diese Anforderung wurde bereits im neuen Bachelor-Studiengang umgesetzt.

Bei der Auswertung der Studie fällt zudem auf, dass die Themen Fall- und Situationsbeschreibung, Arbeitsbündnis, Rahmenbedingungen, Lebensbedingungen der Zielgruppe und Anleitung unterschiedliche Relevanz für die Studierenden haben. Auch in der Qualität der Bearbeitung fallen diese Unterschiede ins Auge. Aus der Analyse der Ergebnisse können weitere Konsequenzen für die Entwicklung des Curriculums hergeleitet werden.

Die Beschäftigung mit Fällen bzw. Situationen aus den berufspraktischen Phasen ist für viele Studierende wichtig. Die gemachten Erlebnisse bilden die Grundlage für die Beschreibungen. Eine multiperspektivische Aufarbeitung gelingt jedoch kaum. Ein möglicher Erklärungsansatz liegt in der psychischen Entlastungsfunktion, die den Praktikumsberichten von den Studierenden unbewusst beigemessen wird. Die Bewältigung der ersten berufspraktischen Erfahrungen stellt die Studierenden vor hohe Anforderungen. Kritische und belastende Lebenssituationen der Zielgruppen werden häufig erstmals emotional durchlebt, weil sie für den angestrebten Beruf als konsituierend erfahren werden. Zeitweilig kommt es zu erheblichen emotionalen Verstrickungen in der Konfrontation mit dem erlebten sozialen Leid. Dass in diesen Fällen eine distanzierte Betrachtungsweise nicht möglich ist, ist naheliegend. Erst durch eine reflektorische Aufarbeitung kann es gelingen, Verallgemeinerungen und Theoriebezüge herzustellen.

Das Arbeitsbündnis als Prinzip, auf dem eine professionelle Beziehung basiert, wird von der Hälfte der Studierenden in Berichten angesprochen. Eine kritische Analyse mit den Dimensionen der Macht bzw. der Machtausübung in der Beziehung zwischen dem professionell Handelnden und dem Klienten findet jedoch kaum statt. Soziale Arbeit hat häufig den gesellschaftlichen Auftrag, in die Lebenssituation von Klienten einzugreifen. Ohne die Reflexion von Macht in der professionellen Beziehung besteht die Gefahr, dass durch die Gestaltung der Interventionen ein Machtmissbrauch vollzogen wird. Hierfür ist eine Auseinandersetzung mit der eigenen Machtbiografie wie etwa die Reflexion von (All-) Machtsfantasien oder Ohnmachtserfahrungen z.B. im eigenen Studienalltag hilfreich. Professionell Handelnde werden im Rahmen ihrer Tätigkeit mit Gewaltsituationen konfrontiert. Sie arbeiten gleichermaßen mit Opfern von Gewalt wie auch mit (Gewalt-) Tätern. Um Verdrängungs- und Abstumpfungsprozessen vorzubeugen, bedarf es der reflexiven Bearbeitung dieser Thematik (vgl. Staub-Bernasconi 2007, 284). In den Einrichtungen fehlt jedoch eine entsprechende Reflexionskultur. In den Teams werden Fragen der persönlichen Befindlichkeit kaum bearbeitet. Hierin liegt eine Ursache dafür, dass diese Ängste von Studierenden kaum angesprochen werden.

Die institutionellen und gesellschaftlichen Rahmenbedingungen der Sozialen Arbeit werden von den Studierenden aufgegriffen. Die Mehrheit der Studierenden beschreibt einzelne Aspekte, nur einem Drittel gelingt eine theoretische Einordnung. Die Rahmenbedingungen werden im Studium von Vertretern der Soziologie, der Politikwissenschaft, der Ökonomie und der Rechtswissenschaften vermittelt. Haben diese Vertreter nur geringe Bezüge zur Sozialen Arbeit unterbleibt die Vermittlung der Relevanz für das professionelle Handeln.

Da Ergebnis der Auswertung ist, dass die Studierenden die laut Studienordnung vorgeschriebenen Inhalte (Lebensbedingungen der Adressaten, Rahmenbedingungen, Handlungsfeld bzw. Methodenverständnis) in den Berichten aufgreifen, ist zu überlegen, ob nicht auch die Auseinandersetzung mit dem Verständnis Sozialer Arbeit und die Auseinandersetzung mit den eigenen Einstellungen bzw. dem eigenen Selbstbild und dem eigenen Professionsverständnis eine Regelanforderung für die Praxisberichte werden sollte.

Für die Sozialisation in den Beruf sind die Vermittlung von spezifischen Handlungskompetenzen sowie die Vermittlung der Berufsidentität von grundlegender Bedeutung. Hochschule und Praxis tragen hierfür die gemeinsame Verantwortung. Aus diesem Grund sollte in den berufspraktischen Phasen die Anleitung von einer VertreterIn der Profession durchgeführt werden. An der HAWK übernehmen diese zentrale Funktion die „Lehrkräfte für besondere Aufgaben" (SozialarbeiterInnen und SozialpädagogInnen) Diese besondere berufsspezifische Sozialisationsaufgabe kann von den Bezugswissenschaften (Jurisprudenz, Pädagogik, Medizin, Psychologie, Soziologie) nicht erfüllt werden. Die Rolle und Funktion dieser Statusgruppe in den Studiengängen ist daher zu sichern.

Auf das Thema Anleitung wurde in den Berichten zwar eingegangen. Die Studierenden setzten sich mit diesem Fragenkomplex aber nur auf einer geringen Reflexionsstufe auseinander. Lediglich in zwei Berichten von BerufspraktikantInnen wurde auf höherem Niveau argumentiert. Den Studierenden fehlen in der Regel die Maßstäbe für die Beurteilung einer gelungenen Anleitung. Es mangelt ihnen zudem an Selbstvertrauen bzw. Selbstbewusstsein und an Kenntnissen, um die Arbeit ihrer AnleiterInnen zu hinterfragen und zu bewerten. Der Bericht einer Berufspraktikantin wurde in diesem Punkt dem hohen Reflexionsniveau zugeordnet. Die Praktikantin übte selbst in ihrem Zuständigkeitsbereich die Funktion der Anleitung aus. Ihr gelang es, sich aus der Praktikantenrolle zu lösen und die Handlungssituation Anleitung - Praktikantin aus einer übergeordneten Perspektive wahrzunehmen und kritisch zu reflektieren.

Im neu eingerichteten Bachelor-Studiengang wurde ein quantitativer Ausbau und eine neue inhaltliche Ausrichtung vorgenommen. Die Zahl der SWS zur Vor- und Nachbereitung der berufspraktischen Einheiten in der ersten Studienphase/ im ersten Studienjahr wurde verdoppelt (4 SWS im Diplomstudiengang/ 8 SWS im Bachelor-Studiengang). Auch die inhaltliche Ausrichtung des Moduls „Professionelle Identitätsbildung" knüpft an die hohe Bedeutung dieser Kompetenzen für das professionelle Handeln in der Sozialen Arbeit an. Sowohl die Themen zum allgemeinen Verständnis als auch die Auseinandersetzung mit den eigenen Einstellungen und dem eigenen Selbstbild und Professionsverständnis wurden ins Curriculum aufgenommen. Ein eigenes Reflexionsseminar, das sich diesen Fragen annimmt, ist Bestandteil dieses Moduls.

Die berufspraktischen Einheiten sind in zwei weiteren Modulen „Handlungsfelder“ und „Projekte“ im zweiten und dritten Studienjahr verankert. Auch für diese Module wurden spezielle Seminare zur Reflexion der in den berufspraktischen Phasen gesammelten Erfahrungen eingerichtet.

6.2 Reflexionsmethoden in der Lehre

6.2.1 Vorbemerkungen

Die Ergebnisse der Studie zeigen die Notwendigkeit auf, Reflexion als elementare Grundhaltung des professionellen Handelns zu begreifen. Die Ausbildungsagenturen stehen vor der Herausforderung, die erforderlichen Kompetenzen zur Reflexion der beruflichen Handlungsvollzüge zu vermitteln. Eine Grundbedingung für die Aneignung der Kompetenz zum reflexiven Handeln ist, Reflexion praktisch auszuprobieren und einzuüben. Sinnvoll erscheint es hierbei, an den in den berufspraktischen Einheiten gemachten Erfahrungen aus der Praxis der Sozialen Arbeit anzuknüpfen.

In den letzten Jahren sind unterschiedliche Methoden zur theoriegeleiteten Reflexion vorgelegt worden. Die Ansätze „Multiperspektivische Fallarbeit“ (Müller 1993 u. 2006), „Fallrekonstruktion“ (Oevermann 2002 u. Kraimer 2004), „Intervision/ Kollegiale Beratung“ (Fallner u. Gräßlin 1990 u. Tietze 2003), die „Situationsanalyse“ (Spiegel 2004) sowie der „Transformative Dreischritt“ (Staub-Bernasconi 2007) werden im Folgenden exemplarisch vorgestellt, da sie auf die Lehr- und Lernsituationen der Ausbildungsagenturen zugeschnitten sind bzw. sich für diese als geeignet erwiesen haben.

6.2.2 Multiperspektivische Fallarbeit

Die multiperspektivische Fallarbeit geht auf einen Ansatz von Burkhard Müller zurück. Unter der multiperspektivischen Arbeitsweise versteht Müller eine Methode, bei der die SozialpädagogInnen bzw. SozialarbeiterInnen bei der Bearbeitung eines Falles mehrmals die Perspektive wechseln, um die Situation jeweils in einem neuen Kontext wahrzunehmen. Den unterschiedlichen Blickwinkeln liegt immer ein anderer Bezugsrahmen zugrunde. Um den Wechsel des Standpunktes zu ermöglichen, sind daher umfangreiche Kenntnisse erforderlich (vgl. Müller 2006, 21).

Die multiperspektivische Fallarbeit ist ein selbstreflexives Arbeitskonzept. Der professionell Handelnde eignet sich Fähigkeiten und Fertigkeiten an, die ihn in die Lage versetzen, dass für die Bearbeitung einer Handlungssituation notwendige Wissen hervorzubringen und evaluierbar zu machen (vgl. Müller 2006, 15). Hierfür ist, so Müller, eine interdisziplinäre Herangehensweise erforderlich. Erkenntnisse der Sozialwissenschaften, der Sozialpolitik, der Rechtswissenschaft, der Ökonomie und der Ethik ergänzen die Hintergrundfolie für die Bearbeitung des jeweiligen Falles.

Müller arbeitet drei idealtypische Strategien des Handelns in der Sozialen Arbeit heraus:

- *Klassisches Expertenmodell:* Das Modell behauptet eine besondere Expertenschaft der professionell Handelnden in ihrem jeweiligen Arbeitsfeld. Diese Expertenschaft zeichnet sich durch eine Verschmelzung des theoretischen Fachwissens, das von dem anderer Professionen klar unterschieden werden kann, mit dem praktischen Erfahrungshorizont und den persönlichen Fähigkeiten und Fertigkeiten des Sozialpädagogen aus. Das Zusammenwirken der Faktoren führt zur Ausbildung eines professionellen Habitus (vgl. Müller 2006, 17).
- *Modell der Ressourcen- oder Netzwerkarbeit:* Dieses Modell folgt der Annahme, dass die Lebenswelt der Klienten eine Ressource darstellt, deren Erschließung für das professionelle Handeln von grundlegender Bedeutung ist (vgl. Müller 2006, 18). Die Soziale Arbeit wird dabei als ein Bestandteil dieses Ressourcengefüges betrachtet. Die Wechselwirkungen zwischen allen beteiligten Akteuren und Instanzen sollen Berücksichtigung finden.
- *Soziale Arbeit als Beziehungsarbeit:* In diesem Modell wird der Beziehungsaspekt zwischen den professionell Handelnden einerseits und den Klienten andererseits in den Fokus gerückt.

> Der professionell Handelnde und der Klient gehen ein Arbeitsbündnis ein. Sie bearbeiten gemeinsam „Sachfragen" und „Sinnfragen" und zwar sowohl in ihren bewussten, als auch in ihren erst bewusst zu machenden Dimensionen. So gestaltet sich der berufliche Alltag des Professionellen als ein Bereich, in dem Aushandlungsprozesse stattfinden, deren Ausgang offen ist (vgl. Müller 2006, 19).

Diese konstruierten Handlungstypen sind nach Müllers Verständnis keine alternativ zur Verfügung stehenden Modelle. Sie sind analytische Hilfsmittel, die darauf verweisen, eine Situation in ihrer Komplexität und Mehrdimensionalität wahrzunehmen. Ein angemessenes sozialpädagogisches Handlungsmodell muss alle 3 Typen berücksichtigen, um Handlungssituationen und Problemen multiperspektivisch begegnen zu können (vgl. Müller 2006, 20). Sie bilden den analytischen Hintergrund der von Müller als *„Fall Von"*, *„Fall Für"* und *„Fall Mit"* vorgelegten Falltypologien.

Unter der Perspektive des *„Fall Von"* wird ein Fall als ein Beispiel für etwas „anerkanntes Allgemeines" betrachtet. Die Situation wird in Bezug zu bestimmten Theorien, Normen oder bekannten Phänomenen gedeutet (vgl. Müller 2006, 42).

Beim *„Fall Für"* liegt der Fokus der Betrachtung auf dem Verweisungswissen. Professionell Handelnde in der Sozialen Arbeit können nicht auf allen Sachgebieten, die für einen Fall relevant sind, gleichermaßen kompetent sein. Verweisungswissen bedeutet, im konkreten Fall Aspekte herauszuarbeiten, die unter die Bearbeitungskompetenz anderer Disziplinen fallen und diesen Aufgabenbereich zu delegieren (vgl. Müller 2006, 52).

Im *„Fall Mit"* steht der Beziehungsaspekt der Sozialen Arbeit im Zentrum. Wenn professionelles Handeln von Erfolg gekrönt sein soll, muss zwischen dem professionell Handelnden und dem Klienten ein Arbeitsbündnis entstanden sein. Erst durch die Akzeptanz des professionellen Angebots durch den Adressaten, seine Bereitschaft zum „Mithandeln" wird das sozialpädagogische Unterfangen zu einem Ganzen (vgl. Müller 2006, 61f).

Prozessschema professioneller Fallarbeit
Ergänzend zur multiperspektivischen Fallanalyse schlägt Müller ein Handlungsschema für die professionelle Soziale Arbeit vor, das dem klinisch-therapeutischen Kontext entlehnt ist. Müller betont jedoch, dass dem sozialpädagogischen Handeln nur therapeutische Elemente beigeordnet werden sollen. Die Eigenständigkeit der Sozialen Arbeit als einer nicht therapeutisch ausgerichteten Disziplin bleibt bestehen (vgl. Müller 2006, 65). Im Folgenden werden die Begriffe Anamnese, Diagnose, Intervention und Evaluation in ihrer Bedeutung für das professionelle Handeln in der Sozialen Arbeit kurz erläutert:

Die *Anamnese* (wörtlich übersetzt das „Nicht-Nichterinnern") dient dazu, Zusammenhänge eines Falles, die in Vergessenheit geraten sind, zu eruieren. Vergessenes oder leicht Übersehenes soll herausgearbeitet werden. In der Regel sind diese Fakten unbewusst aus dem Blickwinkel geraten. Müller weist darauf hin, dass es wichtiger sein kann, die Gründe für das nicht Erinnern zu entdecken, als das Erinnerte selbst (vgl. Müller 2006, 67). Nach Müller erfüllt die Anamnese eine doppelte Funktion. Einerseits sollen die wesentlichen Aspekte des Falles für die Bearbeitung erschlossen werden. Andererseits soll eine vorschnelle und verengte Auswahl von Aspekten und Informationen unterbunden werden. Es geht, so Müller, vor allem auch darum, eine prinzipielle Offenheit für andere Perspektiven beizubehalten (vgl. Müller 2006, 70).

Die *Diagnose* (wörtlich übersetzt das „durch und durch Erkennen") weist Überschneidungen mit der Anamnese aus. Ziel einer Diagnose ist das Herausarbeiten einer Handlungsstrategie. Hierfür ist es zunächst notwendig, die Aspekte eines Falles zu trennen, zu sortieren und zu gewichten. Als geeigneten Ort für die Diagnostik fordern Kunstreich und Müller Kommunikationsräume, die zunächst nur den professionell Handelnden offen stehen (vgl. Kunstreich u.a., 2003, 17). Unter Ausschluss des Klienten sollen mit Hilfe der Methode der kollegialen Beratung Handlungsoptionen erarbeitet werden.

Unter *Intervention* (wörtlich übersetzt als „Dazwischen-Treten") wird ein vermittelndes „Dazwischen-Treten" zwischen einer Person und ihrem Problem verstanden (vgl. Müller 2006, 69). Müller hebt hervor, dass es zunächst unerheblich ist, ob es sich um ein Problem des Klienten handelt oder aber, ob andere Personen ein Problem mit dem betreffenden Klienten haben (vgl. Müller 2006, 69). Eine professionelle Intervention steht dabei immer vor der Schwierigkeit, dass sie einerseits die Sichtweise und die Denkweise des Klienten berücksichtigen und andererseits den aus ihrer Sicht richtigen Zeitpunkt finden muss, sich einzumischen und zu Handlungsschritten anzuregen (vgl. Müllensiefen 2002b, 504).

Evaluation (wörtlich übersetzt „Aus-Wertung") dient der Überprüfung von Werten. Im vorliegenden Kontext geht es um die Überprüfung der Angemessenheit von Handlungen und der ihnen zugrunde liegenden Intentionen (vgl. Müller 2006, 74). Im Rahmen der Sozialen Arbeit, die die Verbesserung der Lebensumstände der Klienten zum Ziel hat, setzt Evaluation voraus, dass über die Lebensbedingungen der Klienten möglichst viele Informationen eingeholt und ausgewertet werden. Nur so können geeignete Strategien entwickelt werden, die sich gleichzeitig als bedarfsgerecht und wirksam erweisen (vgl. Rossi, Freeman u. Hofmann 1988, 1f). Die Selbstevaluation ist eine besondere Form der Evaluation. Sie ist eine Methode zur Beschreibung und Bewertung des professionellen Handelns durch den Handelnden selbst. Da das professionelle Handeln im Berufsalltag sehr komplex ist, ist es erforderlich, exemplarisch bestimmte (Fall-) Situationen zu beschreiben und zu untersuchen. Gegenstand der Selbstevaluation oder -reflexion kann das professionelle Handeln selbst oder können die Auswirkungen des Handelns (Reaktionen, Ereignisse oder Entwicklungen) auf die Klienten sein. König betont, dass die Kriterien für die Beurteilung bzw. Bewertung vom Evaluierenden selbst bestimmt werden (vgl. König 2000, 38). Die Kriterien sind jedoch nicht beliebig. Sie bestimmen sich aus den Standards und ethischen Prinzipen der Profession.

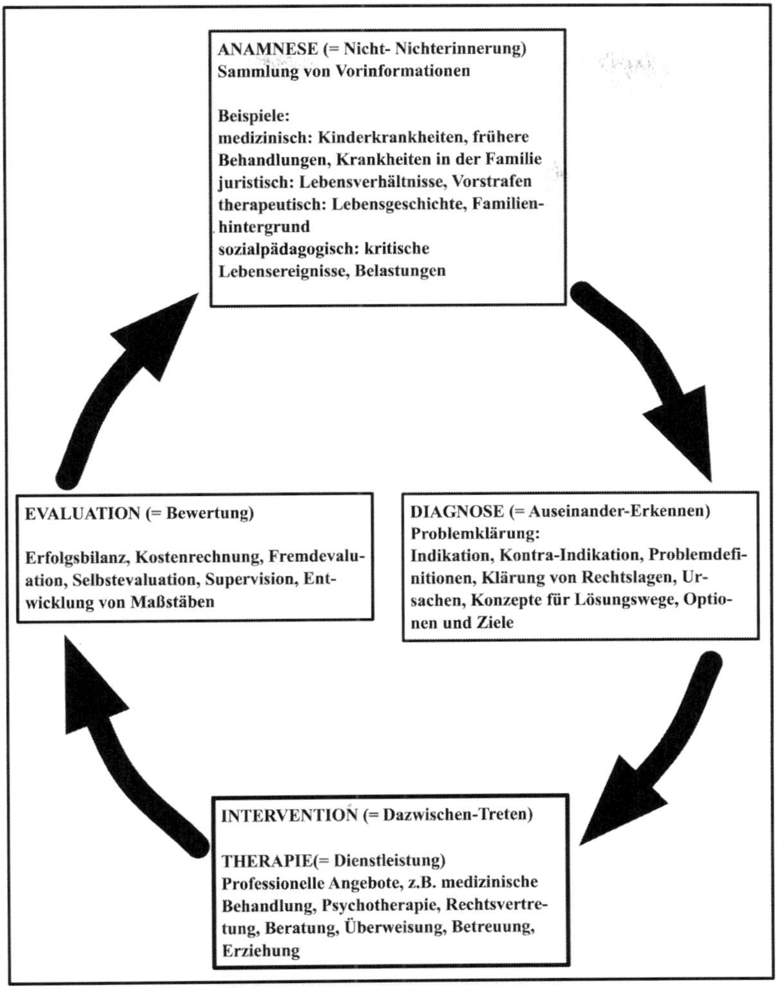

Abb. 15: Modell professioneller Fallarbeit. Nach Müller 2006, 75

6.2.3 Fallrekonstruktion

Die Methode der Fallrekonstruktion in der Sozialen Arbeit geht auf Oevermann zurück. Sie basiert auf dem strukturtheoretischen Professionsmodell (siehe Kapitel 1.2.1). Die Fallrekonstruktion ist ein hermeneutisches Instrument, das dazu dient, soziale Zusammenhänge zu entschlüsseln und die ihnen zugrunde liegenden subjektiven und objektiven Bedeutungsstrukturen sichtbar zu machen (vgl. Kraimer 2004, 52).

Gegenstand der Rekonstruktion sind Fallgeschichten, die Ausdruck menschlicher Lebenspraxis sind. Dem professionell Handelnden erschließen sich diese Lebensäußerungen über Erzählungen ihrer Adressaten. Ziel der Sozialen Arbeit ist es, diese Lebensäußerungen, die in ihrer Komplexität und Vielschichtigkeit vom Adressaten selbst nicht mehr zu erfassen sind, ihrer sozialen Bedeutung nach zu verstehen. Das Eingreifen der professionellen Kräfte wird erforderlich, weil dem Klienten aufgrund seiner Verstrickungen in den situativen Kontext ohne Hilfe von außen das Verständnis seiner Probleme verwehrt ist und er auch keine Lösungswege in den Blick nehmen kann (vgl. Kraimer 1998, 170). Die zentrale Aufgabe der Sozialen Arbeit ist dem strukturtheoretischen Ansatz zufolge die stellvertretende Krisenbewältigung (vgl. Oevermann 2002, 19f).

Den Kern der Fallrekonstruktion bildet die „stellvertretende Deutung“. Der professionell Handelnde hat zunächst die Aufgabe (ggf. in einem Kommunikationsraum mit anderen professionellen Akteuren) stellvertretend für den Betroffenen dessen Problemzusammenhänge zu rekonstruieren. Der professionell Handelnde soll durch diese Rekonstruktion der Lebenspraxis neue und andere Sichtweisen in die Intervention einbringen. Die geschlossenen Deutungsmuster der Klienten können so erweitert, neue Sichtweisen bzw. subjektive Handlungsmöglichkeiten gemeinsam aufgedeckt werden. Ziel der Intervention ist es, zusammen mit dem Adressaten, der sich in einer Krisensituation (beschädigte Struktur) befindet, Strategien zur Bewältigung der Krise zu entwickeln, die anschließend eine autonome Lebensgestaltung (künftige Struktur der gelingenden Lebenspraxis) ermöglichen. Kraimer bezeichnet die Methode der Fallrekonstruktion als „Kunstlehre“, die sich in folgende Arbeitsschritte gliedern lässt (vgl. Kraimer 2004, 51):

1. Der erste Arbeitsschritt beginnt mit der *Fallbestimmung*. Hier wird zunächst festgelegt, ob eine einzelne Person oder eine Organisation in ihrer Struktur rekonstruiert werden soll. Der spezifische Fall ist immer in Interaktionszusammenhänge eingebettet. Daher muss Gegenstand der Falleinbettung das Herausarbeiten dieser Zusammenhänge (z.B. Person/ Familie, Gruppe/ Milieu, Milieu/ Region, Region/ Land, Land/ Staat usw.) sein. Ist der Fall näher bestimmt worden, wird festgelegt, welche Größen erhoben und dokumentiert werden sollen. Mit der Erhebung sollen Abläufe, Situationen, Vorgänge und Begebenheiten erfasst werden, die den Fall determinieren (vgl. Kraimer 2004, 51).

2. Die *Falldokumentation* bildet die Grundlage für die Fallrekonstruktion. Dieser Analyseschritt beinhaltet die Interpretation des in Textform dokumentierten Materials. Oevermann spricht hier von der sogenannten „Ausdrucksgestalt“ eines Falles (vgl. Oevermann 2000, 77f). Ziel der Interpretation ist es, die individuelle Struktur des Falles, die die historisch-konkrete Lebenspraxis widerspiegelt, erkennbar zu machen (vgl. Kraimer 2004, 51). Diese Rekonstruktion der Eigenlogik des einzelnen Falles ermöglicht auf der Grundlage von Fallvergleichen und Abstraktion nach und nach die Aufdeckung allgemeiner Strukturen sozialen Handelns (vgl. Soeffner 2000, 173). Diese allgemeinen Strukturen werden als Fallstrukturhypothesen bezeichnet.

3. Die *Fallstrukturhypothesen* dienen wiederum als theoretisches Werkzeug, um Handlungs- bzw. Strukturprobleme situativ erfassen zu können. Die fallrekonstruktive Forschung hat die Erzeugung fallspezifischer Antworten auf ein strukturelles Problem hin zum Ziel, welches mehreren Fällen gemeinsam ist. Kraimer stellt die Fähigkeit zur Entschlüsselung und Entdeckung des Neuen und des Fremden als entscheidende Leistung einer hermeneutischen Fallkonstruktion heraus. Dafür soll zum einen die vollständige Struktur einer historisch-konkreten Lebenspraxis erfasst und auf das strukturelle Problem hin eingegrenzt werden. Zum anderen sollen theoretische Erklärungsansätze für die dem Prozess zugrunde liegenden Mechanismen

und Zusammenhänge entwickelt werden (vgl. Kraimer 2004,51).

Die Fallrekonstruktion ist eine Möglichkeit, im Rahmen des Studiums die unterschiedlichen Sichtweisen von Theorie und Praxis zu reflektieren. Die strukturelle Ungleichartigkeit dieser Lebensbereiche, in die die Studierenden zeitnah eingebunden sind, bildet den Ausgangspunkt. Beide, Disziplin und Profession, behaupten zwar jeweils ihre Eigenlogik, werden aber im Lernprozess effektiv in Beziehung zueinander gesetzt. Im Studium soll den Studierenden zum einen durch die Disziplin das theoretische Werkzeug vermittelt werden, welches erforderlich ist, um einen Fall zu rekonstruieren. Das heißt, es muss ein wissenschaftlicher Grundstock gelegt werden, aus dem Theorien und Erkenntnisse abgerufen werden können, um einen Fall einzuordnen und zu verstehen. Zum anderen soll die Praxis professionelle Hilfestellung leisten, damit die Praktikanten in ihrem Berufsalltag lernen, Probleme der Klienten als Fall wahrzunehmen, zu verstehen und zu bearbeiten. In der Zusammenarbeit der Professionen steckt ein großes Potential, den Studierenden einen sozialarbeiterischen Habitus zu vermitteln (vgl. Kraimer 2004, 52). Hierfür bieten sich Forschungswerkstätten als Lernarrangements an. Diese Arrangements beteiligen Studierende und Professionelle an Forschungsprojekten der Hochschule. Ziel ist der Austausch von berufserfahrenen Kräften aus Disziplin und Profession mit Studierenden in einem gemeinsamen Forschungsprozess. Hiervon profitieren alle beteiligten Akteure gleichermaßen, da an der Berufserfahrung der Professionellen sowie an der hochschulischen Bildungserfahrung der Studierenden angeknüpft wird. Beide bilden den Ausgangspunkt bzw. die Hintergrundfolie für den gemeinsamen Reflexionsprozess (vgl. Kraimer 2004, 52).

Das Potenzial der Methode der Fallrekonstruktion liegt laut Kraimer in der Möglichkeit „sachhaltige *Theorien* zu gewinnen, die sich auf die gesellschaftliche und professionelle Praxis des Umgangs mit Lern- oder Lebensproblemen richten oder dazu dienen, potentielle Fallsituationen und Paradoxien (vgl. Schütze 2002), die eine autonome Lebensführung behindern, transparent werden zu lassen und professionell zu bearbeiten." (Kraimer 2004, 52)

6.2.4 Intervision / Kollegiale Beratung

Intervision ist ein systematisiertes Beratungsverfahren aus den Niederlanden, das in Deutschland als Kollegiale Beratung bekannt geworden ist. Intervision bzw. Kollegiale Beratung ist eine Reflexionsmethode, die in der Sozialen Arbeit zu einer Verbesserung der Handlungs- und Kommunikationsfähigkeit der beteiligten Personen führen soll. In einer vorgegebenen Gesprächsstruktur beraten sich Kollegen wechselseitig zu Fragen und Problemen aus dem Berufsalltag und entwickeln gemeinsam Lösungsstrategien (vgl. Tietze 2003, 11).

Das professionelle Verfahren der Kollegialen Beratung weist gegenüber einem unstrukturierten Austausch unter Kollegen entscheidende qualitative Unterschiede auf. Durch das spezielle Setting wird eine unverstellte Reflexion der Widersprüche, Konflikte und Harmonien des beruflichen Handelns möglich. Fallner und Gräßlin (1990) betonen den Aspekt der Wahrnehmungserweiterung. Persönliche, fachliche und einrichtungsspezifische Faktoren und Bedingungen rücken in diesem Verfahren in das Zentrum der Reflexion, da sie die Hintergrundfolie für das professionelle Handeln bilden (vgl. Fallner u. Gräßlin 1990, 9f). Die Kollegiale Beratung findet in zeitlicher und räumlicher Distanz zu den zu reflektierenden Alltagssituationen statt. Fallner u. Gräßlin heben hervor, dass die Kollegiale Beratung somit als metakommunikatives Verfahren zu betrachten ist (vgl. Fallner u. Gräßlin 1990, 12f).

Im Gegensatz zur der in den Niederlanden etablierten Form der Intervision wird die Kollegiale Beratung in Deutschland nach den Regeln von Selbsthilfegruppen organisiert und durchgeführt. Die einzelnen Gruppenmitglieder übernehmen im Wechsel die Leitung des Beratungsprozesses. Sie benötigen für diese Aufgabe keine besondere professionelle Qualifikation (vgl. Tietze 2003, 19).

Der Beratungsprozess ist nach folgenden Prinzipien organisiert. Zum einen ist eine klare, gut durchdachte und zielorientierte Struktur vorgegeben. Der Beratungsprozess findet in festen aufeinander folgenden Phasen statt. Rollen und Aufgaben der einzelnen Gruppenmitglieder werden zu Beginn des Beratungsprozesses verbindlich festgelegt. Zum anderen werden nur Probleme aus dem beruflichen Bereich bearbeitet (vgl. Tietze 2003, 19f). Die Kollegiale Beratung orientiert sich hierbei am Beratungsverständnis der Prozessberatung. Die Berater sind für die Gestaltung des Problemlösungsprozesses selbst verantwortlich. Die Ratsuchenden können ihre Probleme selbständig bearbeiten und autonom Lösungsvorschläge aufgreifen oder ausschlagen. Sie bleiben die Experten ihrer jeweiligen Probleme.

Hendriksen hebt in seiner Definition sieben Merkmale hervor, die die Intervision bzw. Kollegiale Beratung kennzeichnen. Die Kollegiale Beratung widmet sich ausschließlich beruflichen Problemen. Die Beratung erfolgt gegenseitig innerhalb einer Gruppe, deren Mitglieder einander gleichgestellt sind. Der Prozess verläuft strukturiert und zielgerichtet. Es gilt, Lösungen zu finden, die sich die Ratsuchenden in einem unabhängigen, auf Berufserfahrungen gegründeten Lernprozess erarbeiten (vgl. Hendriksen 2000, 24).

Tietze formuliert drei miteinander verbundene Ziele der Kollegialen Beratung. Sie ermöglicht erstens die Erarbeitung von konkreten Lösungsschritten für Probleme aus der Berufspraxis (z. B. für Kommunikations-, Interaktionsprobleme, Enttäuschungen u. a. m.). Zweitens beinhaltet sie eine permanente Reflexion der beruflichen Tätigkeit und der Berufsrolle. Drittens findet durch den wechselseitigen Beratungsprozess ein Ausbau bzw. eine Erweiterung professioneller Kompetenzen statt. Tietze benennt insbesondere folgende Kompetenzfelder:

- Soziale Kompetenzen: Auseinandersetzen mit anderen Positionen (vgl. Tietze 2003, 23)
- Beratungskompetenzen: Zuhören, Verstehen, Gesprächsführung (vgl. Tietze 2003, 23f)
- Methodische Kompetenzen: Problemlösungsprinzipien (vgl. Tietze 2003, 24)

In der Praxis haben sich unterschiedliche Ablaufmodelle der Kollegialen Beratung entwickelt (Fallner u. Gräßlin 1990, Haug-Benien 1998, Hendriksen 2000, Tietze 2003). An dieser Stelle wird das Modell von Haug-Benien in leichter Überarbeitung vorgestellt. Er hat für die Gestaltung von Kollegialer Beratung eine Unterteilung in folgende Phasen mit entsprechenden Vorgehensweisen entwickelt:

Phase	Vorgehensweise
Rollenverteilung und Beginn	Welche Fälle sind da? Wer übernimmt welche Rolle?
Falldarstellung	Die Ratsuchenden bringen den Fall ein.
Befragung	Interview durch das Beratungsteam.
Hypothesen	Das Beratungsteam bespricht sich zum Fall, äußert Vermutungen bzw. Hypothesen.
Stellungnahme	Die Ratsuchenden äußern sich zu den Hypothesen.
Lösungsvorschläge	Die Berater sagen, was sie an Stelle des Ratsuchenden täten.
Entscheidung	Die Ratsuchenden teilen mit, welche Lösungsvorschläge sie aufgreifen werden.
Austausch	Die Ratsuchenden sprechen über ihre Gefühle und tauschen persönliche Anmerkungen aus.

Tab. 7: Phasen und Vorgehensweisen in der Kollegialen Beratung. Nach Haug-Benien 1998, 15

Wesentliches Merkmal der Kollegialen Beratung ist neben dem strukturierten Ablauf das Einhalten von Verfahrensregeln. So kommen in den einzelnen Phasen ausschließlich entweder die Ratsuchenden oder die BeraterInnen zu Wort. Eine Diskussion bzw. bewertende Stellungnahme wird vom Moderator unterbunden. Auch die Entscheidung, welche Hypothesen die Ratsuchenden annehmen und welche Lösungsvorschläge sie umsetzen möchten, wird von der BeraterInnengruppe weder diskutiert noch kommentiert. Auf diese Weise soll gesichert werden, dass die Ratsuchenden die autonome Kontrolle über ihre Probleme behalten.

6.2.5 Situationsanalyse

Die Analyse von Alltagssituationen der Praxis Sozialer Arbeit steht im Zentrum des Ansatzes von Hiltrud von Spiegel (2004). Ziel dieses Ansatzes ist die Wahrnehmung von Situationsdeutungen aller beteiligten Personen als Grundlage wechselseitiger Verständigung und als Voraussetzung für eine Intervention, die in Koproduktion mit den Beteiligten geplant wird. Die Methode dient der Einschätzung von Motiven und Anliegen der Beteiligten. Wie Burkhart Müller verfolgt auch Hiltrud von Spiegel die Intention, Situationen multiperspektivisch zu erfassen.

Zwei Analyseschritte sind dabei bedeutsam. Zunächst wird eine Erhöhung der Komplexität und Deutungsvielfalt angestrebt. In Alltagssituationen der Praxis Sozialer Arbeit ist in der Regel immer eine Vielzahl von Mitwirkenden involviert. Die Situationen zeichnen sich dabei durch ihre je spezifische Komplexität und Dynamik aus. Alle Beteiligten nehmen jeweils eine unterschiedliche Perspektive ein, aus der sie die Logik ihres Handelns und die Logik des Handelns der anderen Beteiligten bewerten. Soll die Intervention der professionell Handelnden erfolgreich verlaufen, sind die Motive und Befindlichkeiten (subjektive Wirklichkeitskonstruktion) der Beteiligten zu eruieren (vgl. Spiegel 2004, 162). Im Anschluss wird eine begründete Komplexitätsreduktion vorgenommen. Dies ist erforderlich, um zu entscheiden, welcher Aspekt bzw. welche Problemeinschätzung dem weiteren Interventionsprozess zugrunde gelegt werden soll (vgl. Spiegel 2004, 162).

Ein von Hiltrud von Spiegel entwickeltes Arbeitsschema gibt den Interaktionspartnern eine Hilfe, um komplexe Situationen so zu analysieren, dass sowohl die eigenen als auch die Sichtweisen der Anderen in den Blick geraten.

	Wahrnehmung und Beschreibung Was ist passiert?	**Motive, Gefühle und Begründungen** Ich wollte... Ich finde.... Ich tat das, weil...	**Deutungen und Erklärung der Fachkraft** Zu den Sichtweisen fallen mir folgende Theorien und Hypothesen ein.	**Einschätzung der Situation** Wo sehe ich das Problem? Wer oder was sollte sich ändern?
Institutionelle Sicht				
Sicht der Adressaten				
Andere Beteiligte				
Eigene Sicht				
Reflexionszeile				

Tab 8: Situationsanalyse (Spiegel 2004, 164f)

Spiegel schlägt für die Analyse von Situationen, den Spalten ihres Schemas folgend, vier Arbeitsschritte vor:

Im ersten Analyseschritt nehmen alle Beteiligten eine Beschreibung der Wahrnehmung der Ereignisse (subjektive Wirklichkeitskonstruktion) vor. Die authentische Eruierung der Motive, Gefühle und Begründungen für die je eigenen Handlungen in der Situation steht im Zentrum des zweiten Analyseschritts.

Im dritten Analyseschritt werden die Sichtweisen der Fachkräfte erfasst. Ziel ist es, verschiedene wissenschaftliche Theorien und Alltagstheorien sowie deutende Hypothesen miteinander zu verknüpfen. Die Hypothesen sollen, wenn möglich, zusammen mit den Beteiligten gebildet werden und gegebenenfalls mit Elementen der stellvertretenden Deutung interpretiert werden.

Auf Grundlage des bisher Erarbeiteten sollen sich im vierten Analyseschritt die Beteiligten zu ihrer Einschätzung des Problems und seiner Verortung äußern und über Änderungsperspektiven nachdenken.

Den Abschluss der Situationsanalyse bildet ein Vergleich der jeweiligen Sichtweisen und Standpunkte. Durch den Dialog sollen die Beteiligten hierbei möglichst zu einer einvernehmlichen Einschätzung der Situation gelangen (vgl. Spiegel 2004, 162).

Eine besondere Funktion hat die Reflexionszeile. Sie dient der ersten Einschätzung des professionell Handelnden. Der Fokus liegt auf der vergleichenden Betrachtung der unterschiedlichen Sichtweisen. In dieser Zeile können mögliche Widersprüche und Prognosen notiert werden. Außerdem kann die Reflexionszeile zur späteren systematischen Überprüfung der eigenen Ad-Hoc-Hypothesen dienen (vgl. Spiegel 2004, 162).

6.2.6 Transformativer Dreischritt

Die Züricher Schule gibt mit dem Ansatz des „Transformativen Dreischritts" eine Antwort auf die Frage, wie wissenschaftliche Erkenntnis von Praktikern zunächst in Veränderungswissen umgewandelt werden kann, um dann in einem weiteren Schritt im professionellen Alltag in Handeln umgesetzt zu werden (vgl. Staub-Bernasconi 2002, 37). Ruth Brack definiert diese Transformationskompetenz als die Fähigkeit des professionell Handelnden in drei Schritten zu einer wissensbasierten Intervention zu gelangen. Im ersten Schritt wird nach Erklärungen für eine Handlungssituation auf der Basis von wissenschaftlichen Erkenntnissen gesucht. Im zweiten Schritt werden auf der Grundlage dieser Erklärungen mögliche Handlungsalternativen eruiert, die geeignet sind, die Ausgangssituation in gewünschter Weise zu verändern. Diese Handlungsoptionen werden in einem dritten Schritt in Handlungsleitlinien bzw. -regeln umgewandelt (vgl. Brack 2006, 175).

Grundlage des Ansatzes ist ein „gedanklicher Dreischritt, der die Transformation von allgemeinen Gesetzmäßigkeiten (nomologischen Aussagen) über handlungsbezogene, telenome Gesetzmäßigkeiten (nomopragmatische Aussagen) in Handlungsleitlinien und -regeln (Handlungsimperative als Aufforderungen) zu leisten vermag." (Staub-Bernasconi 2002, 38)

1. *Erster Schritt (Aussagen zu Gesetzmäßigkeiten):*
Ausgangspunkt des „Transformativen Dreischritts“ ist eine beliebige Alltagssituation der Sozialen Arbeit: eine Situationsbeschreibung oder eine konkrete Fallbeschreibung. Als Denkaufgabe stellt sich die Frage, welche Erklärungen geeignet sind, diese spezifische Situation mit all ihren Facetten zu erfassen. Im professionellen Kontext geht es hierbei um wissensbasierte Erklärungsansätze und Hypothesen aus der Soziologie, der (Sozial-) Psychologie und der Biologie.

Erkenntnisleitende Fragen:

Was hängt womit in welcher Weise zusammen?

Was verursacht ein (....) bestimmtes soziales Problem? (Staub-Bernasconi 2002, 38)

Der erste Gedankenschritt führt zur theoriegeleiteten Einordnung der Situation. Der jeweils aktuelle Stand der Forschung zu den herausgearbeiteten Realitäts- bzw. Erklärungsmustern und deren Gewichtung soll von den professionell Handelnden wahrgenommen werden.

Die Züricher Schule bezeichnet diese Gesetzmäßigkeiten als nomologische Aussagen bzw. Theorien. In der Sprache der systemistischen Theorie handelt es sich um invariante Beziehungen zwischen den Eigenschaften von Dingen unter jeweils spezifischen Bedingungen. „X erzeugt (unter der Bedingung Y) Z. Das Ergebnis sind Erklärungen eines bestimmten Faktums eines Systems.“ (Brack 2006, 175)

2. *Zweiter Schritt: Formulierung handlungstypischer Hypothesen (Transformation nomologischer Aussagen in nomopragmatische Aussagen)*
Im zweiten Schritt geht es um die Formulierung empirischer Zusammenhänge. Es geht um die Beziehung von Handlungen und den Veränderungen, die diese zur Folge haben. Auf der Basis der gefundenen Erklärungsansätze gilt es, den passenden Handlungsansatz zu finden, durch den es möglich wird, die Ausgangssituation in die gewünschte Richtung zu transformieren (vgl. Brack 2006, 176).

Gefragt wird nach den Faktoren, die von den handelnden Subjekten verändert werden müssen, damit eine Lösung der Probleme gelingen kann. Unerheblich ist hierbei, ob es sich um individuelle Akteure (beteiligte Subjekte) oder kollektive Akteure (Institutionen) handelt (vgl. Staub-Bernasconi 2002, 38).

Erkenntnisleitende Fragen:

Wer wirkt mit welchem Verhalten auf welche Determinanten des sozialen Problems ein? (Staub-Bernasconi 2007, 255)

In akuten Krisensituationen, insbesondere wenn die Gefahr einer Fremd- oder Selbstgefährdung droht, ist eine unmittelbare Intervention erforderlich. Staub-Bernasconi hebt hervor, dass es in solchen kritischen Fällen eher um eine „Bekämpfung der Symptome" als um eine grundlegende Bearbeitung der Probleme geht (vgl. Staub-Bernasconi 2007, 255).

In Zusammenhang mit der Frage, welche Akteure mit welchem Auftrag die Veränderungen bewirken sollen, steht die Entscheidung, ob der Prozess durch professionell Handelnde (SozialarbeiterInnen/ SozialpädagogInnen) oder durch andere professionelle individuelle oder kollektive Akteure initiiert werden soll oder gar muss (vgl. Staub-Bernasconi 2007, 255).

3. *Dritter Schritt: Formulierung von professionellen, das heißt wissenschaftlich begründeten Handlungsleitlinien (oder Regeln)*

Beim dritten Gedankenschritt werden auf der Basis der herausgearbeiteten Handlungsalternativen wissenschaftlich begründete Handlungsregeln formuliert. Hierbei handelt es sich um präskriptive, Normen setzende (nomopragmatische) Aussagen. Sie geben Antwort auf die Frage, mit welchen konkreten Handlungs- oder Verhaltensänderungen die gewünschten Folgen erreicht werden können (vgl. Brack 2006, 176). Staub-Bernasconi unterscheidet zwei unterschiedliche Formen von Handlungsleitlinien (allgemeine Leitlinien oder konkrete Regeln):

> Bei der ersten Form geht es um Handlungsleitlinien bzw. Regeln, die die aktive Einflussnahme zum Ziel haben: „Um B herbeizuführen, tue A!" (Staub-Bernasconi 2007, 258). Bei der zweiten Form geht es um Handlungsleitlinien, die eine passive Einflussnahme zum Ziel haben: „Um zu verhindern, dass B ent-

steht oder aktiv herbeigeführt wird, unterlasse oder vermeide A!“ (Staub-Bernasconi 2007, 258).

Erkenntnisleitende Frage:

Wer soll was womit (Ressourcen) und wie (Verfahren/ Methoden oder Arbeitsweisen) tun oder verhindern, um B (....) zu verhindern? (Staub-Bernasconi 2007, 258)

Staub-Bernasconi betont, dass die Regeln lediglich einen Aufforderungscharakter besitzen. Es handelt sich bei den Leitlinien nicht um Kriterien der Wahrheit, die eine Unterscheidung in „Falsch oder Richtig“ ermöglichen. Ihre Wirksamkeit ist entscheidend, d.h. eine bestimmte Regel hat sich als zweckdienlich für die Erreichung gesetzter Ziele erwiesen und ist in dieser Hinsicht sinnvoll. Demzufolge wäre es aber auch denkbar, dass eine Gesetzmäßigkeit die Grundlage für zwei entgegengesetzte Handlungsanweisungen bildet (vgl. Staub-Bernasconi 2007, 259).

Die drei Gedankenschritte verknüpfen das Ausgangsproblem (1. Schritt) mit den Akteuren, die in der Handlungssituation eine bestimmte Veränderungsabsicht verfolgen (2. Schritt) und den Verfahren und Methoden zu Veränderung (3. Schritt). Da sowohl die Klärung des Ausgangsproblems als auch die Auswahl und Umsetzung der Intervention mit Bezug auf sozialwissenschaftliche Theorien geleistet wird, ist das methodische Vorgehen wissensbasiert (vgl. Staub-Bernasconi 2007, 209).

Von grundlegender Bedeutung für den gesamten Gedankenprozess ist die ethische Bewertung des Ausgangsproblems. Ohne eine Verortung, welche Problemlösungen ethisch wünschbar oder nicht wünschbar sind, ist eine zielgerichtete Intervention nicht möglich (vgl. Staub-Bernasconi 2007, 209). Eine Positionierung des professionell Handelnden ist nicht eindimensional, da die spezifischen Interessen der Individuen und die gesellschaftlichen Interessenskonstellationen zu berücksichtigen sind. Im Entscheidungsprozess sind die Standards der Profession, die berufsethischen Prinzipien und die Menschenrechte als regulative Idee (Trippelmandat der Sozialen Arbeit) mit einzubeziehen (Staub-Bernasconi 2007, 200).

Kritische Anmerkungen von Staub-Bernasconi zur Transformationsregel:
Wie alle Methoden der Sozialen Arbeit ist auch der „Transformative Dreischritt" keine Technologie, die, wenn sie nur konsequent umgesetzt wird, die gewünschten Ergebnisse von selbst liefert. Methoden in der Sozialen Arbeit müssen personen- und situationsadäquat angewandt werden. Diese Einschränkungen gelten auch für die Handlungsanweisungen, die zu den beiden oben dargestellten alternativen Handlungsleitlinien führen. Staub-Bernasconi betont, dass es nicht um „logische Ableitungen" geht, die automatisch und auf geradem Weg zu den gewünschten „Ergebnissen" führen. Der Ansatz hat keinen Befehls-, sondern Empfehlungs- oder Aufforderungscharakter. Unter Berücksichtigung der bekannten Gesetzmäßigkeiten steht zunächst die Suche nach den genannten Regeln im Mittelpunkt. Sind diese gefunden, wird im Anschluss der Versuch unternommen, sie mit den Beteiligten im Rahmen ihrer individuellen Ressourcen und der institutionellen Bedingungen anzuwenden (vgl. Staub-Bernasconi 2007, 261).

Staub-Bernasconi hebt drei Aspekte, die durch eine technokratische Umsetzung des „Transformativen Dreischritts" erfolgen können, hervor:

1. Der Zusammenhang, der basierend auf der nomopragmatischen Aussage als Gesetzmäßigkeit formuliert wurde, kann im analysierten Fall nur oberflächlich sein.
2. Die Konstruktion der nomologischen Gesetzmäßigkeit kann auf einer falschen oder zu abstrakten Analyse der Handlungssituation beruhen. Die Regeln, die auf der Grundlage dieser Realitäts- und Erklärungsmuster formuliert wurden, bleiben folglich wirkungslos.
3. Der „Transformative Dreischritt" bietet keine eindeutigen Sicherheiten. Er fordert eine „theoretisch-methodisch kontrollierte Kreativität" (Staub-Bernasconi 2007, 261). Diese muss um die Intuition der professionell Handelnden ergänzt werden, damit unerwartete und unbeabsichtigte Folgen bewusst wahrgenommen und als Grundlage für eine neue Hypothesenbildung genutzt werden können (vgl. Staub-Bernasconi 2007, 261).

7 Schlussbemerkungen

Die Auseinandersetzung um die Professionalisierung der Sozialen Arbeit hat durch die Ökonomisierung des Sozialen eine neue Qualität erreicht. Zu Beginn der Akademisierung der Ausbildung stand die Frage im Vordergrund, ob sich die Soziale Arbeit als Profession bezeichnen darf oder nicht. Die Messlatte wurde durch die berufssoziologischen Kriterien definiert. Die Soziale Arbeit hatte Probleme, diesem speziellen Anspruch zu genügen. Nun mehr gilt als Maßstab für die Profession die Professionalität des Handelns. Das Handeln gilt dann als professionell, wenn es auf wissenschaftlichen Beschreibungen und Erklärungen basiert und an den damit verbundenen wissenschaftsbegründeten Arbeitsweisen und Methoden ausgerichtet sowie ethisch fundiert ist. Die ethische Fundierung schließt den Bezug auf die Menschenrechte als regulative Idee ein. Die vorgenannten Elemente bilden den professionellen Standard der Sozialen Arbeit (vgl. Staub-Bernasconi 2007, 200f). Dieser Standard wird durch die Ökonomisierung der Sozialen Arbeit in Frage gestellt.

Soziale Arbeit wird primär in und durch Institutionen geleistet. Die Institutionen konstituieren den administrativen Handlungskontext und prägen somit den Handlungsrahmen der Fachkräfte. Sie befinden sich jedoch in starker Abhängigkeit von den durch den Staat zur Verfügung gestellten materiellen Ressourcen. Diese Rahmenbedingungen der Sozialen Arbeit wandeln sich unter dem zunehmenden Druck einer vorrangig auf Wirtschaftlichkeit ausgerichteten Politik. Ökonomische Prinzipien haben in den letzten Jahren deutlich Einfluss auf die Gestaltung sozialer Einrichtungen gewonnen. Dies hat konkrete Auswirkungen auf die professionell Handelnden in der Sozialen Arbeit. Die Umstrukturierung der sozialen Organisationen im Sinne der herrschenden neoliberalen Ideologie verändert nicht nur die Struktur, sondern auch die Arbeitsweise der professionellen Sozialen Arbeit. Es bestehen zwar weiterhin Unterschiede in der beruflichen Identität zwischen im Sozialen Bereich Tätigen und im Wirtschaftsbereich Tätigen, die Denk- und Handlungsweisen nähern sich jedoch einander an (vgl. Albert 2006, 27).

Die Soziale Arbeit ist kein unschuldiges Opfer dieser Ökonomisierungsprozesse. Staub-Bernasconi betont, dass die Ausbildungsagenturen und ihre Träger vorschnell und freiwillig ideologische und theoretische Prämissen der neoklassischen Ökonomie übernommen haben (vgl. Staub-Bernasconi 2005, o.S.).

In der staatlichen Sozialpolitik wurde ein Paradigmenwechsel von klassischer (nicht sanktionsfreier) Umverteilungspolitik zum Sozialinvestitionsstaat vorgenommen. Dieser zeichnet sich durch die zunehmende Vormachtstellung von Eigenverantwortungs- und Leistungsmodellen aus (vgl. Heite 2006, 203). Hierdurch wird das Bestreben von Politik und Öffentlichkeit erneuert und verstärkt, soziale Probleme zu individualisieren und sie damit auch zu (re-) privatisieren. Strukturbedingte gesellschaftliche Probleme, ihre Erklärungen und ihre Lösungen werden auf das Individuum zurückgeführt. In der Sozialen Arbeit haben dementsprechend auch wieder verstärkt individuumsbezogene Methoden Konjunktur. So weist z.B. die populäre Methode des Case-Managements viele positive Elemente auf, die sich aber unter den aktuellen sozialpolitischen Vorgaben in ihr Gegenteil verkehren. Eine zunehmende Vereinnahmung mit einseitiger Betonung der Kontrollaspekte ist zu befürchten (vgl. Finkeldey 2007, 72). Eine am Individuum orientierte Zielsetzung begleitet die Soziale Arbeit von Beginn an. Die Abwehr gegen eine Ausrichtung, die über die Arbeit mit Individuen hinausgeht, ist erklärbar. Denn sobald die Soziale Arbeit sowie Politik und Öffentlichkeit anerkennen, dass individuelle Probleme auch strukturbedingt sind, hat dies das Eingeständnis zur Folge, dass die gesellschaftlichen Verhältnisse und Machtstrukturen verändert werden müssen (vgl. Staub-Bernasconi 2005, o.S.).

Die Soziale Arbeit zeichnet sich bisher durch eine Vielfalt der methodischen Ansätze aus. Die Wahl der Methode ist dabei von mehreren Faktoren abhängig. Sie orientiert sich in unterschiedlicher Intensität an der aktuellen Bedürfnissituation der Betroffenen, am Stand der individuellen Berufsentwicklung des professionell Handelnden oder an veränderten Arbeitsaufträgen der (Kosten-) Träger (vgl. Albert 2006, 30). Diese Möglichkeiten der individuellen Schwerpunktsetzung werden durch ökonomische Konzepte eingeengt. „Es ist davon auszugehen, dass Soziale Arbeit noch mehr strukturiert, verplant, verrechtlicht und auf ökonomisch verwertbare Standards reduziert wird" (Albert 2006, 30).

Im Zuge der Ideologie des aktivierenden Sozialstaates kommt es zu einer Neubewertung methodischer Ansätze. Eindeutig an Effizienzkriterien ausgerichtete Methoden wie die Einzelfallhilfe oder das Case-Management gewinnen die Oberhand, da sie am eindeutig-sten quantifizierbar sind. Der Nachweis über Fallzahlen und über Anzahl und Dauer der Klientengespräche sowie die Erfüllung von formellen und informellen Vorgaben wird die alltägliche Praxis der professionell Handelnden bestimmen. Eine netzwerkorientierte Sozialarbeit rückt dementsprechend in den Hintergrund (vgl. Albert 2006, 30).

Catrin Heite verdeutlicht am Beispiel des Case-Managements, dass die breite Akzeptanz von Methoden, deren Akteure sich anmaßen, jederzeit und in jedem Fall umfassend über den Ist- und Sollzustand der Hilfesuchenden informiert zu sein und über das geeignete Interventionsinstrumentarium zu verfügen, Auswirkungen auf die rationale Gestalt der personenbezogenen Dienstleistung hat (vgl. Heite 2006, 202). Diese Methoden schränken die professionelle Autonomie, die Entscheidungsspielräume und die professionelle Expertise zusehends ein und ordnen sie manageriellen Wirksamkeitsvorstellungen unter. Die Ausrichtung der Sozialen Arbeit an Management-Konzepten führt zur Vernachlässigung anderer Kennzeichen von Professionalität (sozialpädagogisches Fallverstehen, stellvertretende Deutung, multiperspektivische Betrachtung, Freiwilligkeit der Teilnahme am Hilfeprozess und Zieloffenheit des Hilfeprozesses) (vgl. Heite 2006, 202).

Der ausschließlich im Sinne des aktivierenden Sozialstaats interpretierte gesellschaftliche Auftrag der Sozialen Arbeit droht das Paradoxon „Kontrolle und Hilfe" einseitig zu Gunsten der Kontrollfunktion zu verschieben. Die Soziale Arbeit bewegt sich seit ihrer Entstehung immer in einem widersprüchlichen Spannungsfeld. Einerseits hat sie zum Ziel, Menschen mit Empathie zu begegnen, tragfähige Beziehungen aufzubauen und Unterstützungs- und Hilfsleistungen anzubieten, andererseits den Auftrag, Kontrolle auszuüben, Maßnahmen zur Disziplinierung zu ergreifen und bei Fehlverhalten Sanktionen zu verhängen (Heiner 2004, 123). Soziale Arbeit im Sinne der Aktivierungsmaximen des neoliberalen Sozialstaats betont jedoch zunehmend die Kontrollaspekte. Der Staat fordert die Eigenverantwortung des Bürgers ein. Gleichzeitig begrenzt er diese durch Gebote und Verbote. Paradox ist das Ziel, die Selbstbestimmung unter anderem mit Mitteln der Fremdbestimmung zu fördern (Heiner 2004, 123).

In diesem Zusammenhang kritisiert Heiner, dass Fachkräfte in der Sozialen Arbeit das Paradox Kontrolle vs. Hilfe nicht mehr in einem gesellschaftlichen Zusammenhang betrachten. Sie sehen sich nicht mehr als Erfüllungsgehilfen eines Staates, der eine ungerechte soziale Ordnung (auch) mit Unterstützung der Sozialen Arbeit durchsetzt (vgl. Heiner 2004, 123). Die Schwierigkeiten aus dem Paradox „Hilfe vs. Kontrolle" werden heute primär „als interaktionstheoretische Phänomene angesehen und als situativ schwierig zu balancierende unterschiedliche Erwartungen der Beteiligten wahrgenommen." (Heiner 2004, 123)

Aufgrund dieser Entwicklungstendenzen ist zu befürchten, dass in der Sozialen Arbeit die bisherige Verpflichtung der professionell Handelnden gegenüber ethisch begründeten allgemeinen Standards der Profession an Bedeutung verliert. Will die Soziale Arbeit den geschilderten Tendenzen der De-Professionalisierung entgegen treten, muss sie sich auf ihre professionellen Standards besinnen. Staub-Bernasconi fordert in diesem Zusammenhang das Doppelmandat zu einem Trippelmandat der Sozialen Arbeit zu erweitern. Neben der Verpflichtung, zwischen den berechtigten Interessen des Individuums und den berechtigten Interessen des Staates als intermediäre Instanz zu vermitteln, ohne sich einseitig instrumentalisieren zu lassen, müssen die Handelnden in der Sozialen Arbeit die Standards des Berufs als Mandat begreifen. Dieser Standard setzt sich nach Staub-Bernasconi aus folgenden Elementen zusammen:

- Der wissenschaftlichen Beschreibungs- und Erklärungsbasis (sozialer Probleme) und wissenschaftsbegründeter Arbeitsweisen und Methoden.
- Der ethischen Basis (Berufskodex), auf die sich alle Professionellen berufen.
- Der Orientierung an den Menschenrechten als Legitimationsbasis für eigenbestimmte Aufträge, um Verletzungen der Menschenwürde entgegenzutreten und soziale Gerechtigkeit zu

ermöglichen (vgl. Staub-Bernasconi 2007, 200f u. IFSW 2004, o.S.).

Obwohl sich die Rahmenbedingungen für professionelles Handeln in den Einrichtungen verschlechtern, ist professionelles Handeln notwendiger denn je. Die Akteure der Sozialen Arbeit benötigen eine an den professionellen Standards ausgerichtete Handlungskompetenz. Nur mit Rückgriff auf die „wissenschaftliche Basis und den Berufskodex und die darin enthaltenen Menschenrechte" (Staub-Bernasconi 2007, 201) ist die Soziale Arbeit in der Lage, eine wissenschaftlich und menschenrechtlich begründete politische Funktion zu übernehmen. Ziel ist die Einmischung in öffentliche Diskurse und die Mitgestaltung von Politik (vgl. Staub-Bernasconi 2007, 201).

Diese gesellschaftliche Funktion kann die Soziale Arbeit nur erfüllen, wenn die täglichen Handlungsvollzüge der Beliebigkeit entrissen werden. Die Fachkräfte müssen ihr Handeln reflektieren. Nur durch eine reflexive Haltung kann Machtmissbrauch verhindert, können Arbeitsbündnisse entstehen und persönliche Befindlichkeiten hinterfragt werden.

Die vorliegende Studie hat deutlich gemacht, dass die Ausbildungsagenturen auch der theoriegeleiteten Reflexion größere Bedeutung beimessen müssen. Ihre Anstrengungen zeigen zwar erste Erfolge, aber zur Implementierung einer reflexiven Grundhaltung, die zum beruflichen Standard der Profession zählt, sind weitere Anstrengungen notwendig. Es ist kritisch zu hinterfragen, ob der eingeschlagene Weg, Reflexionsmethoden stärker in neue Studiengänge zu integrieren, ausreichend ist. Insbesondere die Auseinandersetzung mit der eigenen Persönlichkeit, den eigenen Befindlichkeiten und der Motivation zum Beruf, die eine Voraussetzung für die Aneignung einer reflexiven Haltung bilden, ist weiter zu entwickeln. Im Kern geht es hierbei um die bereits von Alice Salomon aufgeworfene Frage der Eignung für den Beruf (Salomon 1927, 4ff). Die Ausbildungseinrichtungen müssen Lern-Settings entwickeln, in denen diese Fragen bearbeitet werden können.

Darüber hinaus ist es notwendig, in den Lehrveranstaltungen nicht nur über Reflexion zu reden, sondern sie zu üben. In das Curriculum müssen verstärkt Übungen zur theoriegeleiteten Reflexion Eingang finden. Die berufspraktischen Phasen haben nur dann eine wichtige Funktion, wenn die von den Studierenden gemachten Erfahrungen auch bearbeitet werden. Dies ist zum großen Teil die Aufgabe der Anleitung in der Praxis. Aber auch die Hochschulen sind gefordert, den Studierenden geeignete Instrumente zur Beschreibung, Analyse und Bewertung der Theorien und Methoden sowie der auf ihnen basierenden beruflichen Handlungsvollzüge zur Verfügung zu stellen. Die vorgestellten Methoden, die Multiperspektivische Fallarbeit, die Fallrekonstruktion, die Kollegiale Beratung, die Situationsanalyse und der Transformative Dreischritt bilden hier nur einen Ausschnitt.

Die Praxis ist gefordert, den Rahmen für eine institutionelle Reflexionskultur zu schaffen. Die Sicherung der professionellen Standards lässt sich nicht über individuelle Reflexion der Fachkräfte oder sporadisch angebotene Supervision erreichen (vgl. Heiner 2004, 146). Erforderlich ist eine Reflexionskultur, die sowohl die offene Thematisierung der persönlichen Komponenten als auch die offene Diskussion über die fachlichen Begründungen von Handlungsoptionen und Interventionsschritten befördert.

Abbildungs- und Tabellenverzeichnis

Abbildungsverzeichnis

Abb. 1:	Verhältnis von Wissenschaft und Praxis	36
Abb. 2:	Stufenmodell empirischer Typenbildung	59
Abb. 3:	Vergleich aller Berichte	67
Abb. 4:	Auswertung Gruppe Grundstudium	68
Abb. 5:	Auswertung Gruppe Hauptstudium	69
Abb. 6:	Auswertung Gruppe Berufspraktikum	71
Abb. 7:	Verständnis von Sozialer Arbeit	73
Abb. 8:	Reflexion des Handlungsfelds bzw. Methodenverständnis	79
Abb. 9:	Reflexion der eigenen Einstellung bzw. des eigenen Selbstbildes und Professionsverständnis	87
Abb. 10:	Reflexion der Lebensbedingungen der Klienten	95
Abb. 11:	Fall- bzw. Situationsbeschreibung	102
Abb. 12:	Arbeitsbündnis	107
Abb. 13:	Reflexion der Rahmenbedingungen	112
Abb. 14:	Reflexion der Anleitung	117
Abb. 15:	Modell professioneller Fallarbeit	133

Tabellenverzeichnis

Tab. 1:	Typen des Reflexionsgrades	61
Tab. 2:	Übersicht über die gebildeten Kategorien/ Kurzdefinition und Verteilung auf die Berichte	63
Tab. 3:	Gesamte Zuordnungen	68
Tab. 4:	Zuordnungen im Grundstudium	69
Tab. 5:	Zuordnungen im Hauptstudium	70
Tab. 6:	Zuordnungen im Berufspraktikum	71
Tab. 7:	Phasen und Vorgehensweise in der Kollegialen Beratung	139
Tab. 8:	Situationsanalyse	141

Literatur

Ackermann, Friedhelm u. Seeck, Dieter [1999]: Der steinige Weg zu mehr Fachlichkeit. Handlungskompetenz in der Sozialen Arbeit. Hildesheim, Zürich, New York

Ackermann, Friedhelm [2000]: Beruf, Disziplin, Profession? Ein kurzer Überblick über qualitative Studien zur Professionalisierung Sozialer Arbeit. Online im Internet: http://www.qualitative-sozialforschung.de/profession.htm [Download 19.10.02]

Albert, Martin [2006]: Die Ökonomisierung der Sozialen Arbeit. In: Sozial Extra Heft 7/8, 2006, S. 26–31

BAG der Praxisämter/-Referate [1999]: Praxisorientierung im Studium der Sozialen Arbeit. Online im Internet: http://www.sw.fh-jena.de/bagprax [Download 22.10.2002]

Bader, Kurt u. Krüger, Rolf (Hrsg.)[1984]: Sozialarbeit: unbegriffene Theorie – begriffslose Praxis. Marburg

Bauriedl, Thea [1980]: Beziehungsanalyse. Das dialektisch-emanzipatorische Prinzip der Psychoanalyse und seine Konsequenzen für die psychoanalytische Familientherapie. Frankfurt

Bernler, Gunnar u. Johnsson, Lisbeth [1995]: Das Praktikum in sozialen Berufen: ein systematisches Modell zur Anleitung. Weinheim u. Basel

Bimschas, Bärbel u. Schröder, Achim [2003]: Beziehungen in der Jugendarbeit. Untersuchung zum reflektierten Handeln in Profession und Ehrenamt. Opladen

Böllert, Karin [2000]: Dienstleistungsarbeit in der Zivilgesellschaft. In: Müller, S. u.a. (Hrsg.): Soziale Arbeit: gesellschaftliche Bedingungen und professionelle Perspektiven. Neuwied

Bourdieu, Pierre [1997]: Das Elend der Welt. Zeugnisse und Diagnosen alltäglichen Leidens an der Gesellschaft. Konstanz

Bourdieu, Pierre [1999]: Sozialer Sinn. Kritik der theoretischen Vernunft, Frankfurt/Main

Bourdieu, Pierre [2001]: Wie die Kultur zum Bauern kommt. Über Bildung, Schule und Politik. Hamburg

Brack, Ruth [2006]: Reflektieren (Nachdenken über...) - die wissenschaftliche Begründung einer alten sozialarbeitsspezifischen Methode. In: Schmocker, Beat: Liebe, Macht und Erkenntnis. Silvia Staub-Bernasconi und das Spannungsfeld Soziale Arbeit. Freiburg i. Br. S. 174–198

Cifali, Mireille [1998]: Das pädagogische Verhältnis: Zwischen Verstrickung und Distanzierung. In: Jahrbuch für Psychoanalytische Pädagogik 9. Gießen. S. 138–214

Combe, Arno u. Helsper, Werner [1996]: Pädagogische Professionalität. Untersuchung zum Typus pädagogischen Handelns. Frankfurt/Main

Dewe, Bernd; Ferchhoff, Wilfried u. Radtke, Frank-Olaf (Hrsg.) [1992]: Erziehen als Profession. Zur Logik professionellen Handelns in pädagogischen Feldern. Opladen

Dewe, Bernd u. Otto, Hans-Uwe [2001[2]]: Profession. In: Otto, H.-U. u. Thiersch, H. (Hrsg.): Handbuch Sozialarbeit/Sozialpädagogik. Neuwied, Kriftel, Berlin. S. 1399–1423

Dewe, Bernd; Ferchhoff, Wilfried; Scherr, Albert; Stüwe, Gerd [2001[3]]: Professionelles soziales Handeln. Sozialarbeit im Spannungsfeld zwischen Theorie und Praxis. Weinheim u. München

Dörr, Margret u. Müller, Burkhard (Hrsg.) [2006]: Nähe und Distanz. Ein Spannungsfeld pädagogischer Professionalität. Weinheim u. München

Engelhardt, Michael von [1982]: Die pädagogische Arbeit des Lehrers. Eine empirische Einführung. Paderborn

Fallner, Heinrich u. Gräßlin, Hans-Martin [1990]: Kollegiale Beratung. Eine Systematik zur Reflexion des beruflichen Alltags. Hille

Finkeldey, Lutz [2007]: Verstehen. Soziologische Grundlagen zur Jugendberufshilfe. Wiesbaden

Fricke, Wolfgang u. Grauer, Gustaf [1994]: Hochschulsozialisation im Sozialwesen. Hannover

Geißler, Karl-Heinz u. Hege, Marianne [1988[4]]: Konzepte sozialpädagogischen Handelns. Ein Leitfaden für soziale Berufe. Weinheim u. Basel

Gildemeister, Regine [1983]: Als Helfer überleben. Beruf und Identität in der Sozialarbeit/ Sozialpädagogik. Neuwied u. Darmstadt

Gildemeister, Regine [1992]: Neuere Aspekte der Professionalisierungsdebatte. In: Neue Praxis 22. Jg. 3/92, S. 207–219

Gildemeister, Regine [1996[4]]: Professionalisierung. In: Kreft, D. u. Mielenz, I.: Wörterbuch Soziale Arbeit. Weinheim u. Basel. S. 443–445

Goffman, Erving [1973]: Asyle. Über die soziale Situation psychiatrischer Patienten und anderer Insassen. Frankfurt/ Main

Haug-Benien, Rolf-Dieter [1998]: Kollegiale Beratung – Ein Fall nicht nur für zwei. Hiba-Transfer, Ausgabe III. Heidelberg

HAWK Hildesheim Holzminden Göttingen [2003]: Diplomprüfungsordnung für den Studiengang Soziale Arbeit. Hildesheim

Heiner, Maja [2004]: Professionalität in der Sozialen Arbeit. Stuttgart

Heite, Catrin [2006]: Professionalisierungsstrategien der Sozialen Arbeit. In: Neue Praxis 2/2006, S. 201–207

Helsper, Werner; Krüger, Heinz-Hermann; Rabe-Kleeberg, Ursula [2000]: Professionstheorie, Professions- und Biographieforschung. Einführung in den Themenschwerpunkt. In: Zeitschrift für qualitative Bildungs-, Beratungs- und Sozialforschung 1/2000, S. 5–19

Hendriksen, Jeroen [2000]: Intervision. Kollegiale Beratung in Sozialer Arbeit und Schule. Weinheim u. Basel

Hinte, Wolfgang [2001]: Wie verhalte ich mich "richtig"? Fachlichkeit in der Sozialen Arbeit. In: Sozial Extra 10/2001, S. 13–18

Hinte, Wolfgang [2006]: Was können Sozialarbeiterinnen und Sozialarbeiter? Fortbildung als Steuerungsinstrument in sozialen Institutionen. In: Nachrichtendienst des Deutschen Vereins 3/2006, S. 129–133

International Federation of Social Workers (IFSW) [2004]: Ethik in der Sozialen Arbeit – Erklärung der Prinzipien. Online im Internet: http://www.ifsw.org/en/p38000739.html [Download 21.03.2007]

Kade, Sylvia [1989]: Handlungswissen – Erwerbsform und Verwendungswissen. In: Nuissl, E.; Siebert, H.; Weinberg, J.: Literatur und Forschungsreport Weiterbildung, Nr. 24, S. 58–72

Kammerer, Gido und Deutsch, Karl-Heinz [1986]: Bestimmung des Umfangs ehrenamtlicher Tätigkeiten in sozialen Bereichen und der Weiterbildungsangebote für ehrenamtlich Tätige in der BRD. In: Bundesministerium für Bildung und Wissenschaft (Hrsg.): Freiwilliges soziales Engagement und Weiterbildung. Bonn. S.169–405

Kluge, Susann [1999]: Empirisch begründete Typenbildung. Zur Konstruktion von Typen und Typologien in der qualitativen Sozialforschung. Opladen

Kluge, Susann [2000]: Empirisch begründete Typenbildung in der qualitativen Sozialforschung. Forum Qualitative Sozialforschung: Social Research [Online Journal], 1(1). Online im Internet: http://www.qualitative-research.net/fqs-texte/1-00/1-00kluge-d.pdf [Download 07.04.05]

König, Joachim [2000]: Einführung in die Selbstevaluation. Ein Leitfaden zur Bewertung der Praxis Sozialer Arbeit. Freiburg

Körner, Jürgen u. Ludwig-Körner, Christiane [1997]: Psychoanalytische Sozialpädagogik. Eine Einführung in vier Fallgeschichten. Freiburg

Kraimer, Klaus [1998]: Sozialpädagogisches Fallverstehen, Forschungswerkstatt, professionelles Handeln. In: Archiv für Wissenschaft und Praxis der sozialen Arbeit, 29. Jg., S. 170–189

Kraimer, Klaus [2000]: Die Fallrekonstruktion – Bezüge, Konzepte, Perspektiven. In: Ders. (Hrsg.): Die Fallrekonstruktion. Sinnverstehen in der sozialwissenschaftlichen Forschung. Frankfurt/Main. S. 23–57

Kraimer, Klaus [2004]: Von Fall zu Fall. Die Fallrekonstruktion in der Sozialen Arbeit. In: Blätter der Wohlfahrtspflege, Jg. 151, 2/2004, S. 50–52

Kreft, Dieter u. Mielenz, Ingrid [1996^{4}]: Wörterbuch Soziale Arbeit. Weinheim u. Basel

Kroner, Wolfgang u. Wolff, Stephan [1984]: Auf der Suche nach der verlorenen Soziologie. Zu einigen Problemen der Verwendungsforschung. In: Soziale Welt 27, 1984, S. 429–457

Kuckartz, Udo [2007^{2}]: Einführung in die computergestützte Analyse qualitativer Daten. Wiesbaden

Kunstreich, Tim; Müller, Burkhard; Heiner, Maja und Meinhold, Marianne [2003]: Diagnose und/ oder Dialog? Ein Briefwechsel. In: Widersprüche, 23. Jg., 6/2003, Bielefeld. S. 11–32

Küster, Ernst-Uwe [2001]: Ein Dauerbrenner auf kleiner Flamme. Wissen und Können in der Sozialen Arbeit. In: Sozial Extra 9/01, 32–35

Küster, Ernst-Uwe [2002]: Qualifizierung für die Soziale Arbeit. Auf der Suche nach Normalisierung, Anerkennung und dem Eigentlichen. In: Thole, W.: Grundriss Soziale Arbeit. Ein einführendes Handbuch. Opladen. S. 817–841

Limbrunner, Alfons [1998]: Die Systematik beruflichen Handelns. In: Sozialmagazin, 23. Jg., Heft 2, S. 16–20

Loh, Maria [2000]: Qualitätsentwicklung als Chance. Professionelles Lernen in Einrichtungen der Jugendhilfe. In: Jugendhilfe, H. 2, S. 68–78

Mayring, Philipp [2003^{8}]: Qualitative Inhaltsanalyse. Grundlagen und Techniken. Weinheim u. Basel

Merten, Roland [2001]: Sozialarbeitswissenschaft als Praxiswissenschaft. Oder: Von der Quadratur des Kreises. In: Pfaffenberger, H. (Hrsg.): Identität – Eigenständigkeit – Handlungskompetenz der Sozialarbeit/Sozialpädagogik als Beruf und Wissenschaft. Münster, Hamburg, London. S. 40–71

Müllensiefen, Dietmar [2002[5]a]: Fallbeschreibung. In: Deutscher Verein für öffentliche und private Fürsorge (Hrsg.): Fachlexikon der Sozialen Arbeit. Stuttgart u. Köln. S. 310–311

Müllensiefen, Dietmar [2002[5]b]: Intervention. In: Deutscher Verein für öffentliche und private Fürsorge (Hrsg.): Fachlexikon der Sozialen Arbeit. Stuttgart u. Köln. S. 504

Müller, Burkhard [1991[2]]: Die Last der großen Hoffnungen. Methodisches Handeln und Selbstkontrolle in sozialen Berufen. Weinheim u. München

Müller, Burkhard [2002]: Professionalisierung. In: Thole, W. (Hrsg.): Grundriss Soziale Arbeit. Ein einführendes Handbuch. Opladen. S. 725–744

Müller, Burkhard [2003]: Diagnose und/oder Dialog? Ein Briefwechsel mit: Maja Heiner, Timm Kunstreich und Marianne Meinhold. In: Widersprüche, Heft 88, 6/2003, Bielefeld. S. 11–32

Müller, Burkhard [2006[4]]: Sozialpädagogisches Können. Ein Lehrbuch zur multiperspektivischen Fallarbeit. Freiburg im Breisgau

Müller, C. Wolfgang [2001]: Die Entwicklung von Schlüsselqualifikationen in der Ausbildung der Fachkräfte der Sozialen Arbeit. In: Pfaffenberger, H. (Hrsg.): Identität – Eigenständigkeit – Handlungskompetenz der Sozialarbeit/Sozialpädagogik als Beruf und Wissenschaft. Münster, Hamburg, London. S. 153–164

Müller, Siegfried u.a. (Hrsg.)[2000]: Soziale Arbeit: gesellschaftliche Bedingungen und professionelle Perspektiven. Neuwied, Kriftel, Berlin

Nagel, Ulrike [2000]: Professionalität als biografisches Projekt. In: Kraimer, K. (Hrsg.): Die Fallrekonstruktion. Sinnverstehen in der sozialwissenschaftlichen Forschung. Frankfurt/Main. S. 360–378

Oevermann, Ulrich [1996]: Konzeptualisierung von Anwendungsmöglichkeiten und praktischen Arbeitsfeldern der objektiven Hermeneutik (Manifest der objektiv hermeneutischen Sozialforschung). Manuskript. Frankfurt/ Main

Oevermann, Ulrich [2000]: Die Methode der Fallrekonstruktion in der Grundlagenforschung sowie der klinischen und pädagogischen Praxis. In: Kraimer, K. (Hrsg.): Die Fallrekonstruktion, a. a. O., S. 58–156

Oevermann, Ulrich [2002]: Professionalisierungsbedürftigkeit und Professionalisiertheit pädagogischen Handelns. In: Kraul, M. u. a. (Hrsg.): Biographie und Profession. Bad Heilbrunn/Obb. S. 19–63

Otto, Hans-Uwe [1998]: Die Zukunftsfähigkeit der sozialpädagogischen Forschung. In: Rauschenbach, T. und Thole, W. (Hrsg.): Sozialpädagogische Forschung. Gegenstand und Funktionen, Bereiche und Methoden. Weinheim u. München, S. 133–140

Pfaffenberger, Hans (Hrsg.) [2001]: Identität – Eigenständigkeit – Handlungskompetenz der Sozialarbeit/Sozialpädagogik als Beruf und Wissenschaft. Münster, Hamburg, London

Pollak, Thomas [2002]: Was heisst "Beziehung" in der sozialen Arbeit? In: Deutsche Jugend, 50. Jg., 2/2002, S. 78–85

Radtke, Fank-Olaf [1988]: Strukturdeutung pädagogischer Situationen. Zur Begründung eines Konzepts sozialwissenschaftlich fundierter Fortbildung von Lehrerinnen und Lehrern. Bielefeld

Rauschenbach, Thomas [1996^{4}]: Ausbildung/ Ausbildungen. In: Kreft, D. u. Mielenz, I. (Hrsg.): Wörterbuch Soziale Arbeit. Weinheim u. Basel. S. 78–83

Reiners-Kröncke, Werner u. Stübinger, Mathias [2000]: Der Einstieg in soziale Organisationen. Ein Sprung ins kalte Wasser. Orientierungshilfen für die praktischen Studiensemester, das Jahrespraktikum, den Beginn der Berufstätigkeit, den Arbeitsplatzwechsel. Köln

Richter, Christoph [1995]: Schlüsselqualifikationen. Alling

Rosenmayr, Leopold [1989]: Altern und Handeln: Eine Reflexion über die Freiheiten im späteren Leben. In: Weymann, A. (Hrsg.): Handlungsspielräume. Stuttgart. S. 151–162

Rothschuh, Michael [2001]: Verschränkung von Perspektiven: Praxisanteile in der Ausbildung an Fachhochschulen. In: Schulze-Krüdener J. u. Homfeld, H. G. (Hrsg.): Praktikum – eine Brücke schlagen zwischen Wissenschaft und Beruf. Neuwied, Kriftel. S. 153–167

Rossi, Peter H.; Freeman, Howard E. u. Hofmann, Gerhard [1988]: Programm-Evaluation. Stuttgart

Salomon, Alice [1927]: Die Soziale Ausbildung. In: Blätter des Deutschen Roten Kreuzes. Wohlfahrt und Sozialhygiene, 6. Jg., Nr. 7, Juli 1927, S. 4–9

Schaarschuh, Andreas [2000]: Gesellschaftliche Perspektiven sozialer Dienstleistungen. In: Müller, S. u.a. (Hrsg): Soziale Arbeit: gesellschaftliche Bedingungen und professionelle Perspektiven. Neuwied, Kriftel, Berlin, S. 165–177

Schröder, Achim [2002]: Jugendarbeit: Reflektieren lernen. In: Hessische Jugend 4/2002, S.10–13

Schütz, Alfred u. Luckmann, Thomas [2003]: Strukturen der Lebenswelt. Konstanz

Schulze-Krüdener Jürgen u. Homfeld, Hans Günther (Hrsg.) [2001]: Praktikum – eine Brücke schlagen zwischen Wissenschaft und Beruf. Neuwied, Kriftel

Schulze-Krüdener, Jürgen u. Homfeld, Hans Günther [2002]: Mehr Wissen – mehr können? Zur Professionalität der Fachkräfte. In: Schulze-Krüdener, J.; Homfeld, H. G.; Merten, R. (Hrsg.): Mehr Wissen – mehr Können? Soziale Arbeit als Disziplin und Profession. Hohengehren. S. 88–124

Schulze-Krüdener, Jürgen, Homfeld, Hans Günther u. Merten, Roland (Hrsg.) [2002]: Mehr Wissen – mehr Können? Soziale Arbeit als Disziplin und Profession. Hohengehren

Schütze, Fritz [1984]: Professionelles Handeln, wissenschaftliche Forschung und Supervision. In: Beiträge zur Supervision, Bd. 3 (Arbeitskonferenz „Theorie der Supervision“, WS 83/84 (Hrsg.) Lippmeier, N. Gesamthochschule Kassel

Schütze, Fritz [1992]: Sozialarbeit als bescheidene Profession. In: Dewe, B. u.a. (Hrsg.): Erziehen als Profession. Opladen. S. 132–170

Schütze, Fritz [1996]: Organisationszwänge und hoheitsstaatliche Rahmenbedingungen im Sozialwesen. In: Combe, A. u. Helsper, W.: Pädagogische Professionalität. Untersuchung zum Typus pädagogischen Handelns. Frankfurt/Main. S. 183–275

Schütze, Fritz [2000]: Schwierigkeiten bei der Arbeit und Paradoxien des professionellen Handelns. Ein grundlagentheoretischer Aufriß. In: Zeitschrift für qualitative Bildungs-, Beratungs-, und Sozialforschung 1/2000, S. 49–96

Schütze, F. [2002]: Supervision als ethischer Diskurs. In: Kraul, M. u. a. (Hrsg.): Biographie und Profession. Bad Heilbrunn/Obb. S. 135–164

Seeck, Dietmar u. Ackermann, Friedhelm [2000]: SozialpädagogInnen/ SozialarbeiterInnen zwischen Studium und Beruf. Wissen und Können in der Sozialen Arbeit: Motivation, Fachlichkeit und berufliche Identität – eine empirische Annäherung. In: GiSA 1/2000, S. 21–38

Soeffner, Hans-Georg [2000]: Sozialwissenschaftliche Hermeneutik. In: Flick, U.; Kardorff, E. v.; Steinke, I. (Hrsg.): Qualitative Forschung. Ein Handbuch. Reinbek. S. 164–175

Spiegel, Hiltrud v. [2002]: Methodisches Handeln und professionelle Handlungskompetenz. In: Thole, W.: Grundriss Soziale Arbeit. Ein einführendes Handbuch. Opladen. S. 589–602

Spiegel, Hiltrud v. [2004]: Methodisches Handeln in der Sozialen Arbeit. München u. Basel

Spiegel, Hiltrud v. [2006]: Reflexionen zur Bearbeitung des Theorie-Praxis-Verhältnisses. In: Schmocker, Beat: Liebe, Macht und Erkenntnis. Silvia Staub-Bernasconi und das Spannungsfeld Soziale Arbeit. Freiburg i. Br. S. 313–331

Staub-Bernasconi, Silvia (2002): Vom transdisziplinären wissenschaftlichen Bezugswissen zum professionellen Handlungswissen am Beispiel der Empowerment-Diskussion, Dokumentation der Tagung: Themen der Sozialarbeitwissenschaft und ihre transdisziplinäre Verknüpfung, 5. März 2002, Hochschule für Soziale Arbeit Zürich und Fachhochschule Solothum Nordwestschweiz, unveröffentlichtes Manuskript, S. 34–47

Staub-Bernasconi, Silvia [2005]: Die Fast-Food-Variante der Sozialen Arbeit. Interview. In: Zebbratl 5/2005. Online im Internet http://zebra.or.at/zebratl/55art/55artikel1.htm [Download 24.11.2006]

Staub-Bernasconi, Silvia [2007]: Soziale Arbeit als Handlungswissenschaft. Bern, Stuttgart u. Wien

Stichweh, Rudolf [1992]: Professionalisierung, Ausdifferenzierung von Funktionssystemen, Inklusion. Betrachtungen aus systemischer Sicht. In: Dewe, B.; Ferchhoff, W. u. Radtke, F.-O. (Hrsg.): Erziehen als Profession. Zur Logik professionellen Handelns in pädagogischen Feldern. Opladen. S. 36–48

Stichweh, Rudolf [1996]: Profession in einer funktional differenzierten Gesellschaft. In: Combe, A. u. Helsper, W.: Pädagogische Professionalität. Untersuchung zum Typus pädagogischen Handelns. Frankfurt/Main. S. 49–69

Stichweh, Rudolf [2004]: Wissen und die Professionen in einer Organisationsgesellschaft. Online im Internet: www.unilu.ch/dokumente/dokus_gf/STWprofessionen.pdf [Stand 9/2004]

Tiefel, Sandra [2004]: Beratung und Reflexion. Wiesbaden

Tietgens [1988]: Wissenssoziologie und Bildungsprozesse. Überlegungen zur Wissenskonstruktion. Frankfurt/ Main

Tietze, Kim-Oliver [2003]: Kollegiale Beratung. Problemlösungen gemeinsam entwickeln. Reinbek

Thiersch, Hans [2003[4]]: Lebensweltorientierte Soziale Arbeit. Weinheim u. München

Thole, Werner u. Küster-Schapfl, Ernst-Uwe (1996): Erfahrung und Wissen – Deutungsmuster und Wissensformen von Diplompädagogen und Sozialpädagogen in der außerschulisychen Kinder- und Jugendarbeit. In: Zeitschrift für Pädagogik 42, S. 831–851

Thole, Werner [1999]: Die Sozialpädagogik und ihre Forschung. Sinn und Kontur einer empirisch fundierten Theorie der Sozialpädagogik. In: Neue Praxis, H. 3/1999, S. 224–244

Thole, Werner u. Cloos, Peter [2000]: Nimbus und Habitus. Überlegungen zum sozialpädagogischen Professionalisierungsprojekt. In: Homfeldt, H. G. u. Schulze-Krüdener, J. (Hrsg.): Wissen und Nichtwissen. Herausforderungen für die Soziale Arbeit in der Wissensgesellschaft, Weinheim u. München, S. 277–295

Thole, Werner [2002]: Grundriss Soziale Arbeit. Ein einführendes Handbuch. Opladen

Wagner, Hans-Josef [1998]: Eine Theorie pädagogischer Professionalität. Weinheim

Wendt, Wolf-Rainer [1988]: Das Konzept der Lebenslage. Seine Bedeutung für die Praxis der Sozialarbeit. In: Blätter der Wohlfahrtspflege 135 Jg. Heft 4, S. 79–83

Wendt, Wolf-Rainer [2004]: In Sozialer Arbeit forschen und für Soziale Arbeit forschen: Überlegungen zu Gegenstand und Methodik. Online im Internet: http://www.deutsche-gesellschaft-fuer-sozialarbeit.de /pdf/wendt.pdf [Download 16.8.2004]

Hildesheimer Schriften zur Sozialpädagogik und Sozialarbeit

Herausgegeben von Prof. Dr. Udo Wilken und Prof. Dr. Friedhelm Vahsen,
HAWK Hochschule für angewandte Wissenschaft und Kunst
– Fakultät Soziale Arbeit und Gesundheit – Hildesheim

Bd. 20 **Ebert, Jürgen: Erwerb eines professionellen Habitus im Studium der Sozialen Arbeit**
2012. 344 S. ISBN 978-3-487-14749-9

Bd. 19 **Thomas, Severine: Organisationskulturen in der Kinder- und Jugendhilfe**
Interpretations- und Handlungsmuster bei Trägern ambulanter Hilfen zur Erziehung im Vergleich
2010. 432 S. ISBN 978-3-487-14296-8

Bd. 18 **Case Management in der Jugendberufshilfe**
Materialien für Theorie, Praxis und Studium der Sozialen Arbeit
Hrsg. von *Lutz Finkeldey* und *Andreas Thiesen.*
2009. 184 S. ISBN 978-3-487-14295-1

Bd. 17 **Kühn, Alexandra/Maike Rüter: Arbeitsmarkt und Behinderung. Neue Anforderungen an die Soziale Arbeit?**
2008. 178 S. ISBN 978-3-487-13878-7

Bd. 16 **Ebert, Jürgen: Reflexion als Schlüsselkategorie professionellen Handelns in der Sozialen Arbeit**
2008. 165 S. ISBN 978-3-487-13692-9

Bd. 15 **Borbe, Cordula: Entwicklungstendenzen systemischer Beratung bei chronisch körperlichen Erkrankungen im Kindes- und Jugendalter**
2006. XIV/336 S. ISBN 978-3-487-13216-7

Bd. 14 **Surkemper, Klaus-Peter: Der Berufseinstieg in der Sozialen Arbeit**
Das Anerkennungsjahr aus der Sicht der BerufspraktikantInnen.
2002. 256 S. ISBN 978-3-487-11481-1

Bd. 13 **Hilbig, Norbert: Inszenierung fremder Lebenswelten**
Das EXPO-Projekt der Theodor-W.-Adorno-Schule.
2001. 204 S. mit zahlreichen Abb. ISBN 978-3-487-11324-1

Bd. 12 **Ackermann, Friedhelm/Dietmar Seeck: Der steinige Weg zur Fachlichkeit**
Handlungskompetenz in der sozialen Arbeit. *Unter Mitarbeit von Axel Winter.*
1999. 256 S. ISBN 978-3-487-10960-2

Bd. 11 **Kultur-Pädagogik studieren**
Lernen für kulturell-ästhetische Handlungsfelder der außerschulischen Pädagogik.
Hrsg. von *Werner Thole* und *Peter Cloos*. Mit Beiträgen von *Ulrich Baer,*

Peter Cloos, Stephan Kolfhaus, Ernst-Uwe Küster-Schapfl, Bernd Wagner, Werner Thole. (Gefördert vom Bundesministerium für Bildung, Wissenschaft, Forschung und Technologie).
1997. 196 S. mit 29 Tabellen. ISBN 978-3-487-10505-5

Bd. 10 **Maroon, Istifan: Becoming a professional social worker**
Developmental processes and challenges in supervision theory and practice.
1997. VIII/138 S. ISBN 978-3-487-10486-7

Bd. 9 **Eine kleine Hoffnung oder die große Illusion?**
Dienstleistungen als Arbeitsplätze der Zukunft. Herausgegeben von *Klaus Below, Ulrich Freitag, Wolfgang Pich* und *Ulf Trombach.*
1995. XXXIV/190 S. mit 65 Tabellen, 7 Abb., 4 Übersichten, 16 Karten und einem Literaturverzeichnis. ISBN 978-3-487-10047-0

Bd. 8 **Maroon, Istifan: Evaluating a Therapeutic Intervention Programme**
For alienated youth and their families in a voluntary institutional framework.
1995. X/166 S. mit 29 Tabellen. ISBN 978-3-487-10051-7

Bd. 7 **Busche-Baumann, Maria: Rechtsextremismus und die Presse**
Eine inhaltsanalytische Untersuchung der Berichterstattung über den ostdeutschen Rechtsextremismus in den Tageszeitungen BERLINER ZEITUNG und SÄCHSISCHE ZEITUNG.
1994. IV/276 S. mit 5 Abb. und 20 Tafeln. ISBN 978-3-487-09900-2

Bd. 6 **Chance Gesundheit: Wieviel Gesundheit braucht die Gesellschaft?**
Herausgegeben von *Norbert Bartsch* und *August-Wilhelm Meyer.*
1995. 176 S. ISBN 978-3-487-09763-3

Bd. 5 **Schwindt, Michael: Quellen zur Selbstfindung in der Meditativen Kunst- und Atemtherapie**
1994. 240 S. mit 67 Abb., davon 8 Abb. in Farbe. ISBN 978-3-487-09882-1

Bd. 4 **Jugendarbeit zwischen Gewalt und Rechtsextremismus**
Darstellung und Analyse aktueller Handlungsansätze. Unter Mitarbeit von *Friedhelm Vahsen, Manfred v. Hebel, Gerlinde Döring, Gerald Jörns* und *Heike Fandel.* 2. Aufl. 1996. II/340/[10] S. mit graph. Darstellungen und Abb. ISBN 978-3-487-09852-4

Bd. 3 **Wagner, Brunhilde: Nicht umsonst und nicht aus Liebe – Frauensozialarbeit in Vergangenheit und Gegenwart**
2. Aufl. 2000. VIII/204 S. ISBN 978-3-487-09724-4

Bd. 2 **Hilbig, Norbert: Plädoyer für eine sozialpädagogische Schule**
Schulkritik und innere Schulreform – Eine Bewegungsanalyse.
1993. II/170 S. ISBN 978-3-487-09791-6

Bd. 1 **Wilken, Udo: Selbstbestimmt leben II - Handlungsfelder und Chancen einer offensiven Behindertenpädagogik**
3., kritisch durchgesehene Aufl. 1999. 268 S. ISBN 978-3-487-10981-7